この本は、文章と写真だけではなく、
各所に埋め込まれているQRコードで映像を見ることができます。
文章を読んでから映像を見る、またその逆もありかもしれません。
より深く、よりリアルに私の見た世界を知ってもらえたらうれしく思います。
皆さんの見たことのない世界への扉がここにあります。
ぜひ、お楽しみください。

オープニング映像

エベレスト山頂にて

２００８年　カメット南東壁初登攀

Kamet (7756 m)

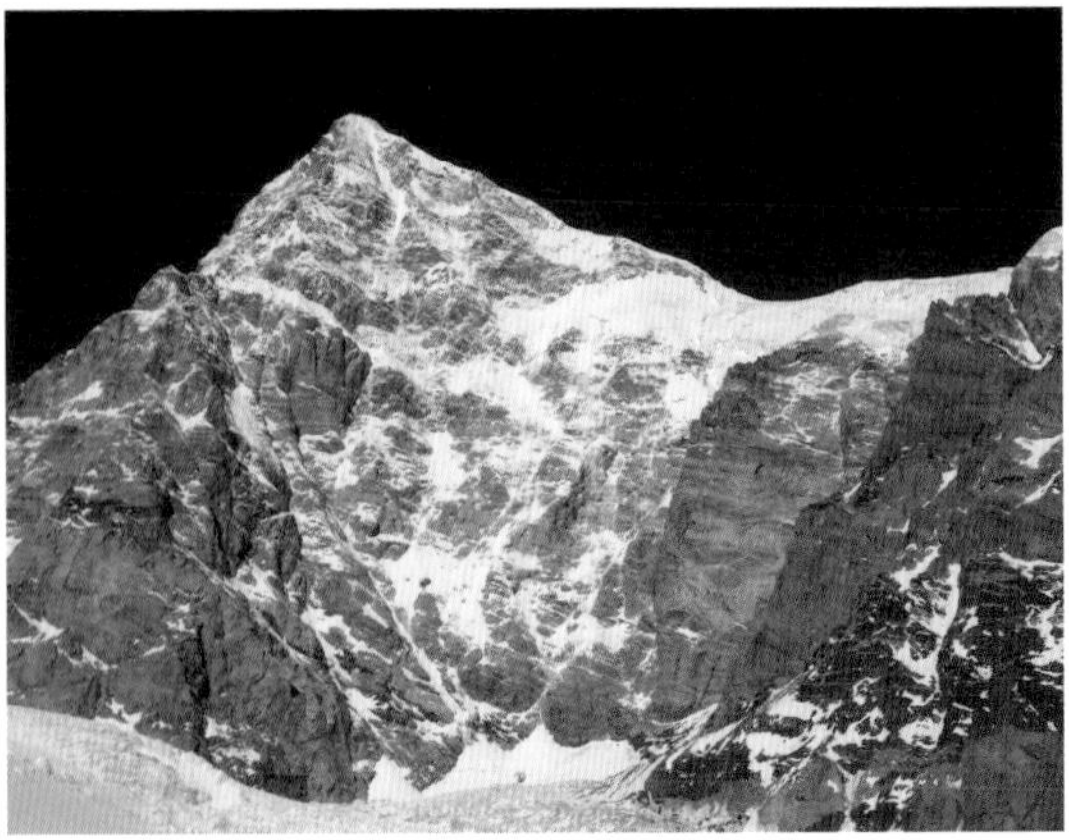

未踏の南東壁中央部にラインを引いた

山頂にて。谷口けいさんとともに

６日目、頂上へと続くクーロワールをひたすら登る
頂上への出口、バナナ・クーロワール

2009 年、ピオレドール受賞。
フランス・シャモニの授賞式会場にて

標高差約 1800 メートル。カメット南東壁のミックス壁を登る

2017年シスパーレ北東壁初登攀

Shispare (7611 m)

標高差 2700 mの北東壁

2回目と3回目に挑戦した南西壁

2002 年、シスパーレとの運命の出会い

2007 年、1回目の挑戦は敗退に終わった

新たなパートナー、中島健郎とピオレドールを受賞する

4回目の挑戦でようやくたどり着いた頂上にて

完登のポイントとなった上部氷雪壁の長いトラバース

2019年ラカポシ南壁初登攀

Rakaposhi (7788 m)

ラカポシ山頂に立つ２人（ドローン撮影）

南壁の上部雪稜を登る

下山後、麓の住民たちから祝福される

巨大なラカポシ南壁を遠望する

2022年カールン・コー北西壁初登攀

Karun Koh (6977 m)

北西壁いちばんの核心部。奇跡的に氷がありルートがつながった

高度順応と偵察を兼ねて登った対岸よりカールン・コー（右）とサミサール

カールン・コー北西壁核心部を越えて

カールン・コー山頂にて

What's Next?　さて、次の山は？

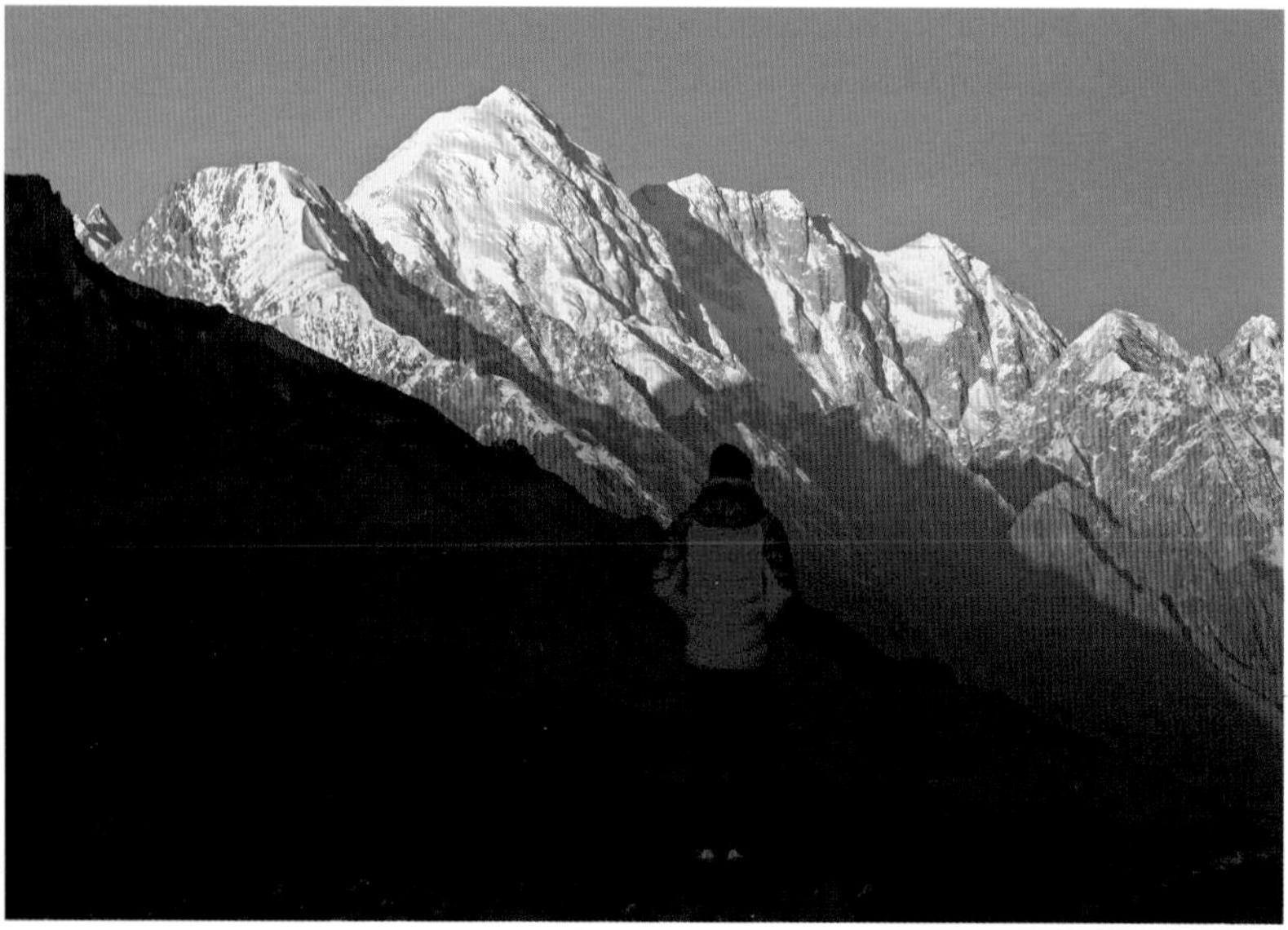

ティリチミール（7708 m）には、どこにラインを引こうか

世界第２位の高峰 K2（8611 m）。その西壁はいまだ空白地帯だ

What's Next?

終わりなき未踏への挑戦

Kazuya Hiraide

平出和也

目次

目次

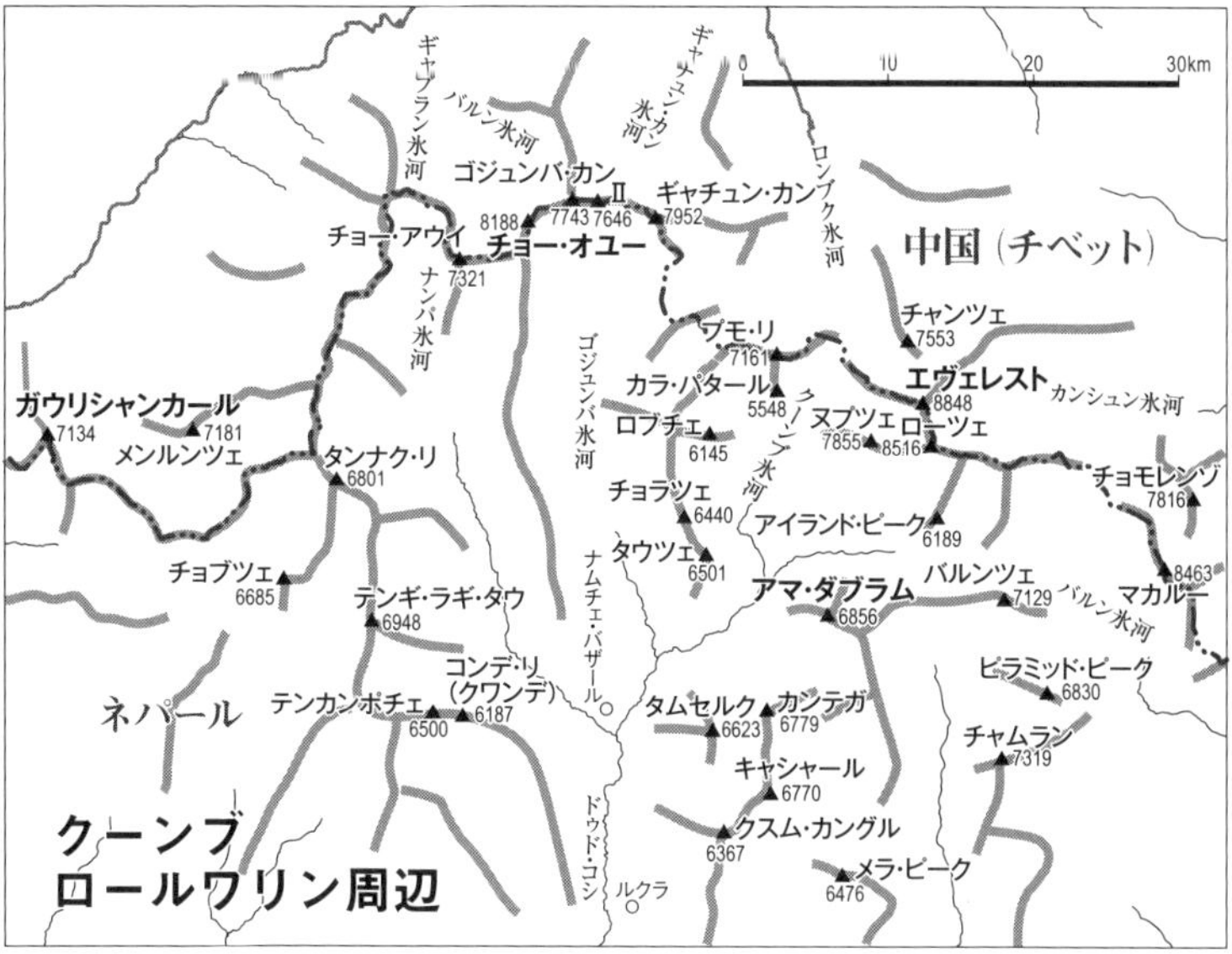

クーンブ
ロールワリン周辺
中国(チベット)
ネパール
0
10
20
30km
ギャブラン氷河
バルン氷河
ギャチュン・カン氷河
ロンブク氷河
ゴジュンバ・カン
Ⅱ
8188
7743
7646
ギャチュン・カン
7952
チョー・アウイ
7321
チョー・オユー
ナンパ氷河
ゴジュンバ氷河
プモ・リ
7161
チャンツェ
7553
カラ・パタール
5548
エヴェレスト
8848
カンシュン氷河
ガウリシャンカール
7134
7181
メンルンツェ
ロブチェ
6145
クーンブ氷河
ヌプツェ
7855
ローツェ
8516
タンナク・リ
6801
チョモレンゾ
7816
チョラツェ
6440
アイランド・ピーク
6189
タウツェ
6501
ナムチェ・バザール
チョブツェ
6685
アマ・ダブラム
6856
バルンツェ
7129
バルン氷河
8463
マカルー
テンギ・ラギ・タウ
6948
コンデ・リ
(クワンデ)
6187
テンカンポチェ
6500
タムセルク
6623
カンテガ
6779
ピラミッド・ピーク
6830
チャムラン
7319
キャシャール
6770
クスム・カングル
6367
ドゥド・コシ
ルクラ
メラ・ピーク
6476

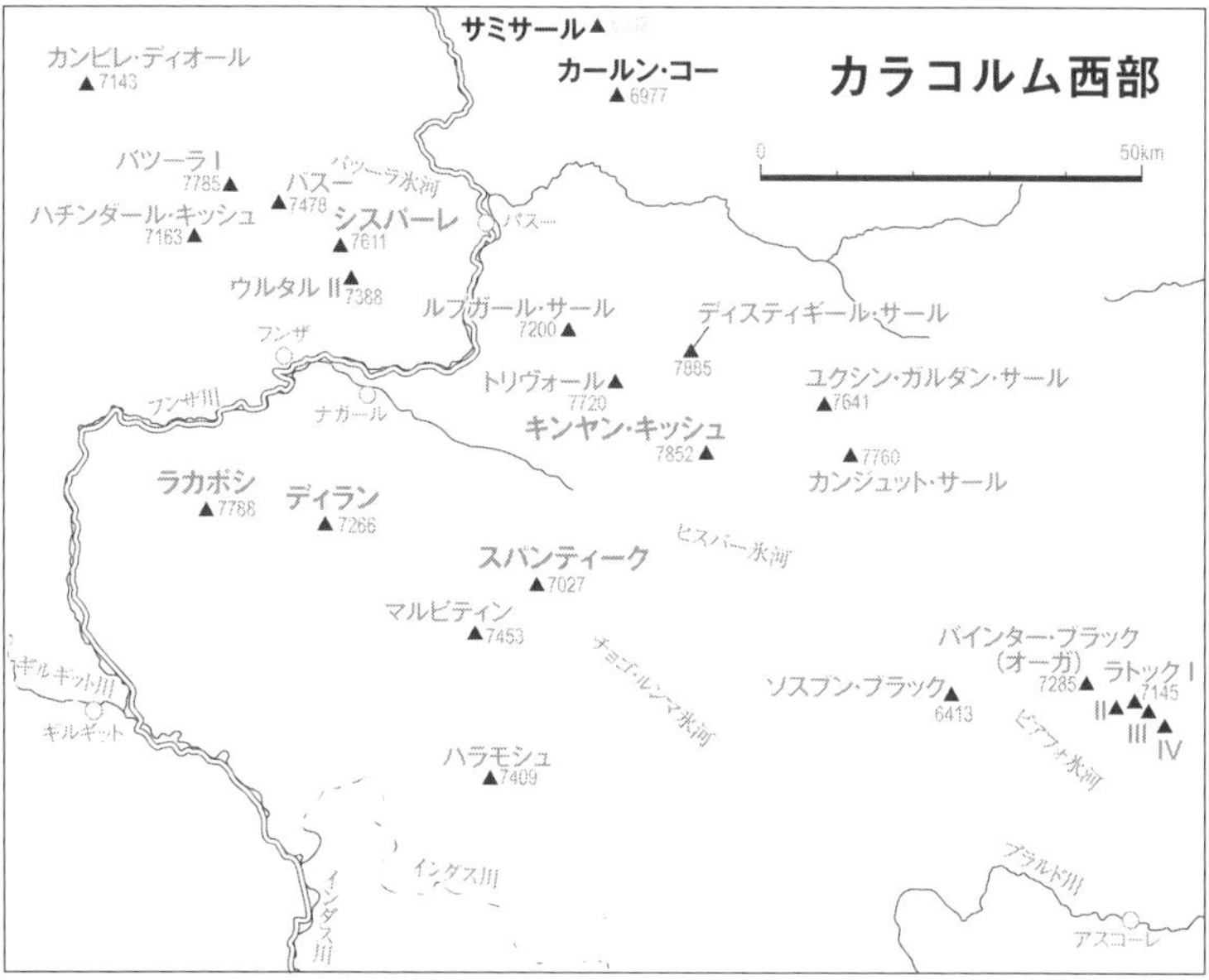

カラコルム西部
0
50km
サミサール
カールン・コー
6977
カンピレ・ディオール
7143
バツーラⅠ
7785
バスー
7478
バツーラ氷河
パスー
ハチンダール・キッシュ
7163
シスパーレ
7611
ウルタルⅡ
7388
ルプガール・サール
7200
ディスティギール・サール
7885
フンザ
フンザ川
ナガール
トリヴォール
7720
ユクシン・ガルダン・サール
7641
キンヤン・キッシュ
7852
7760
カンジュット・サール
ラカポシ
7788
ディラン
7266
ヒスパー氷河
スパンティーク
7027
マルビティン
7453
チョゴ・ルンマ氷河
バインター・ブラック
(オーガ)
7285
ラトックⅠ
7145
Ⅱ
Ⅲ
Ⅳ
ソスブン・ブラック
6413
ビアフォ氷河
ギルギット川
ギルギット
ハラモシュ
7409
インダス川
ブラルド川
アスコーレ

ヒマラヤ山脈全図

N
0
100
200
300km
ンルン山脈
中華人民共和国
チベット（西蔵自治区）
タンラ山脈
チャンタン高原
ンティセ山脈
ジリン・ツォ
ナクチュ
ニェンチェンタンラ▲
7162
ルンポ・カンリ
▲7095
ンジェラルワ
▲6612
※詳細図「クーンブ、ロールワリン周辺」
ラサ
サキャ
ヤルン・ツァンポ
ガネッシュ・ヒマールⅠ峰
ダウラギリⅠ峰
8167▲
ジョムソン
ランタン・リルン
シシャパンマ
シガツェ
ギャンツェ
シガール
8091▲
マナスル
▲8163
アンナプルナⅠ峰
7893
▲7429
▲7234
▲8013
チョー・オユー 8188
エヴェレスト 8848
クーラ・カンリ
▲7538
ポカラ
ヒマルチュリ
ローツェ
8516
マカルー
8485
▲8586
チョモラーリ
7315
バイラワ
カトマンズ
ルクラ
カンチェンジュンガ
ティンプー
ガンダキ川
ネパール
シッキム
ガントック
ブータン
ダージリン
ゴラクプール
シリグリ
ビラトナガール

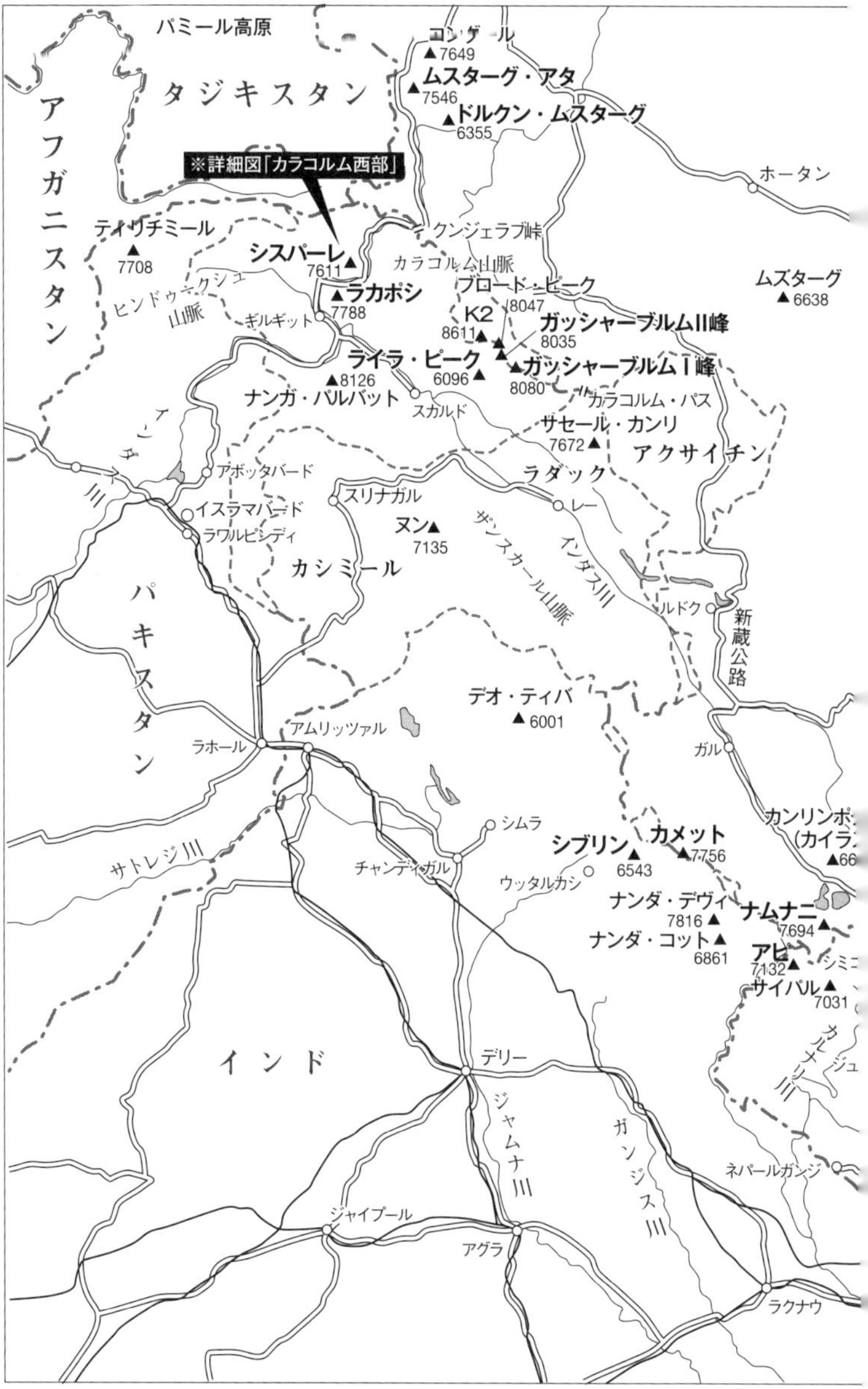

パミール高原
タジキスタン
アフガニスタン
7649
ムスターグ・アタ
7546
ドルクン・ムスターグ
6355
※詳細図「カラコルム西部」
ホータン
ティリチミール
7708
シスパーレ
7611
クンジェラブ峠
カラコルム山脈
ラカポシ
7788
ブロード・ピーク
8047
ムズターグ
6638
ヒンドゥークシュ山脈
ギルギット
K2
8611
ガッシャーブルムII峰
8035
ライラ・ピーク
6096
ガッシャーブルムI峰
8080
8126
ナンガ・パルバット
スカルド
カラコルム・パス
サセール・カンリ
7672
アクサイチン
アボッタバード
ラダック
スリナガル
レー
イスラマバード
ラワルピンディ
ヌン
7135
ザンスカール山脈
インダス川
カシミール
ルドク
新蔵公路
パキスタン
デオ・ティバ
6001
アムリッツァル
ラホール
ガル
シムラ
シブリン
6543
カメット
7756
カンリンポチェ
サトレジ川
チャンディガル
ウッタルカシ
ナンダ・デヴィ
7816
ナムナニ
7694
ナンダ・コット
6861
アピ
7132
サイパル
7031
インド
デリー
ジャムナ川
ガンジス川
ネパールガンジ
ジャイプール
アグラ
ラクナウ

序　章

チベット高原から昇りはじめた太陽がテントをオレンジ色に染める。テントから顔を出すと、地平線から届く太陽の光が眩しかった。目の前にインド第二の高峰、ナンダ・デヴィがモルゲンロート（夜明けのころに山肌が太陽の光を受けて赤く染まる現象）で神々しく輝いている。遠くにはチベットの聖なる山カイラスや西ネパールの山々も望めた。私たちは最後に大きなプレゼントをもらったような気になり、幸せいっぱいだった。

二〇〇八年十月、私とパートナーの谷口けいさんはインドの名峰、標高七七五六メートルのカメットにいた。未踏の南東壁の雪と氷を攀じ登り、雪を削ったわずかなスペースに張った狭いテントで寒くて寝苦しい夜を過ごして六日目、ようやく頂上が目の前まで迫ってきた。これまでの苦労が報われる日がきたのだ。

食い延ばしてきた食料もとうとう今朝で終わった。山頂までの残り一五〇メートルの高さをしっかり登り、私たちのラインを完結させようと強く心に決める。

「近くてきっと遠いんだろうな」

けいさんがつぶやいた。そうでないことを私は祈った。

テントから一ピッチほど登ると完全に南東壁を抜け、頂上稜線に出ることができた。見上げると山頂はすぐそこだ。ザックをその場所にデポし、私はビデオカメラだけを持った。左右に切れ落ちている稜線を慎重に登ると傾斜が徐々に緩んでいく。私たちはカメットの頂上に立った。

「ここから見えない世界はないね」

私がそう言うと、けいさんも声を上げる。

「景色サイコー！　地球サイコー！」

相変わらずの好天に、三六〇度の大展望だ。はるか彼方まで白い山並みが重畳（ちょうじょう）と連なり、その先は地平線になって消えていた。

壁の中にいた六泊七日は墜落の恐怖やストレスとの闘いでもあった。核心部を乗り越えてもまたすぐに困難な箇所が現れ、私たちは朝から晩まで試されていた。早く終わりにしたいという気持ちの半面、もう少しこの壁の中で極限のクライミングを楽しんでいたいと思う自分がいた。

もし数年前にこのカメットの未踏の壁に出会っていたとしても、とても登れるとは思わなかっただろう。その後の経験の積み重ねがあったからこそ具体的な目標として視野に入ってきたように、このカメットでの成功が次の新たな未踏の壁への挑戦に導いてくれるにちがいない。

「What's Next?」（「次はどこ？」）

カメットの頂で、二人して思わず交わした言葉だった。

私が本格的な登山を始めたのは大学生になってからだった。国内の山だけでなく、在学中に海外の山にも登るようになった。登山を始めるとそこには、それまで続けていた競歩という競技の世界と違って自由と解放感があった。「これからは競技場を出て自由な活動ができる」と思い、意気込んでいた。ところが七〇〇〇メートル、八〇〇〇メートル級の山々に登るようになっても、先人たちに踏み慣らされた道をたどっていることに気づいた。

これでいいのだろうか――。自分の価値観に沿った〈私の山〉を見つけ、未踏ルートを踏破することが私の登山のさらに強い動機になっていった。だれも踏み入っていない空白部からピークへ美しいラインを引きたい、と。

自分自身の采配で未知のフィールドに挑むのはとても不安だ。大きな不安を抱えながら山と向き合うのは、時に怖くて逃げ出したいと思う弱い自分と対峙することでもある。私はそれにこだわった。私が山とかかわってきた多くの時間は、じつは自分自身と向き合ってきた時間でもあるのだ。厳しい自然環境のなかで活動することで人間としての強さを得て、さらなる成長を渇望していたのかもしれない。

その一心でいつの間にか、二〇年を超えて山に登りつづけてきた。

思いがけず、登山界の名誉ある賞であるピオレドール賞を三度も受賞することができた。二〇〇八年カメット南東壁、二〇一七年シスパーレ北東壁、二〇一九年ラカポシ南壁の登攀を評価されてのことである。私自身、この三つの挑戦から得たもの、学んだことの質と量は計り知れない。だが、受賞したこれらの登攀の後ろに埋もれてしまいがちな、さまざまな仲間と共にした幾多の登山もまた、いまの私をつくってくれたことを忘れてはなるまい。

いま私は切にこう思う。自分らしい登山を心がけ、それにこだわることだ。他人の軸に沿って生きようとすると苦しくなる。人から滑稽に見られようと、無謀だと揶揄されようと、自分自身に正直に生きていれば、他人がどう評価しようとどうでもよくなる。だって最終的に自分の人生は自分で振り返るものだから。

自分らしい人生、私だからこそできるクライミングとは何か。はたまた冒険とは――。

その答えを探すために私はこれからも山に登りつづけていく。

第1章

競技アスリートから山の世界へ

18歳、3月下旬の八ヶ岳 赤岳山頂にて

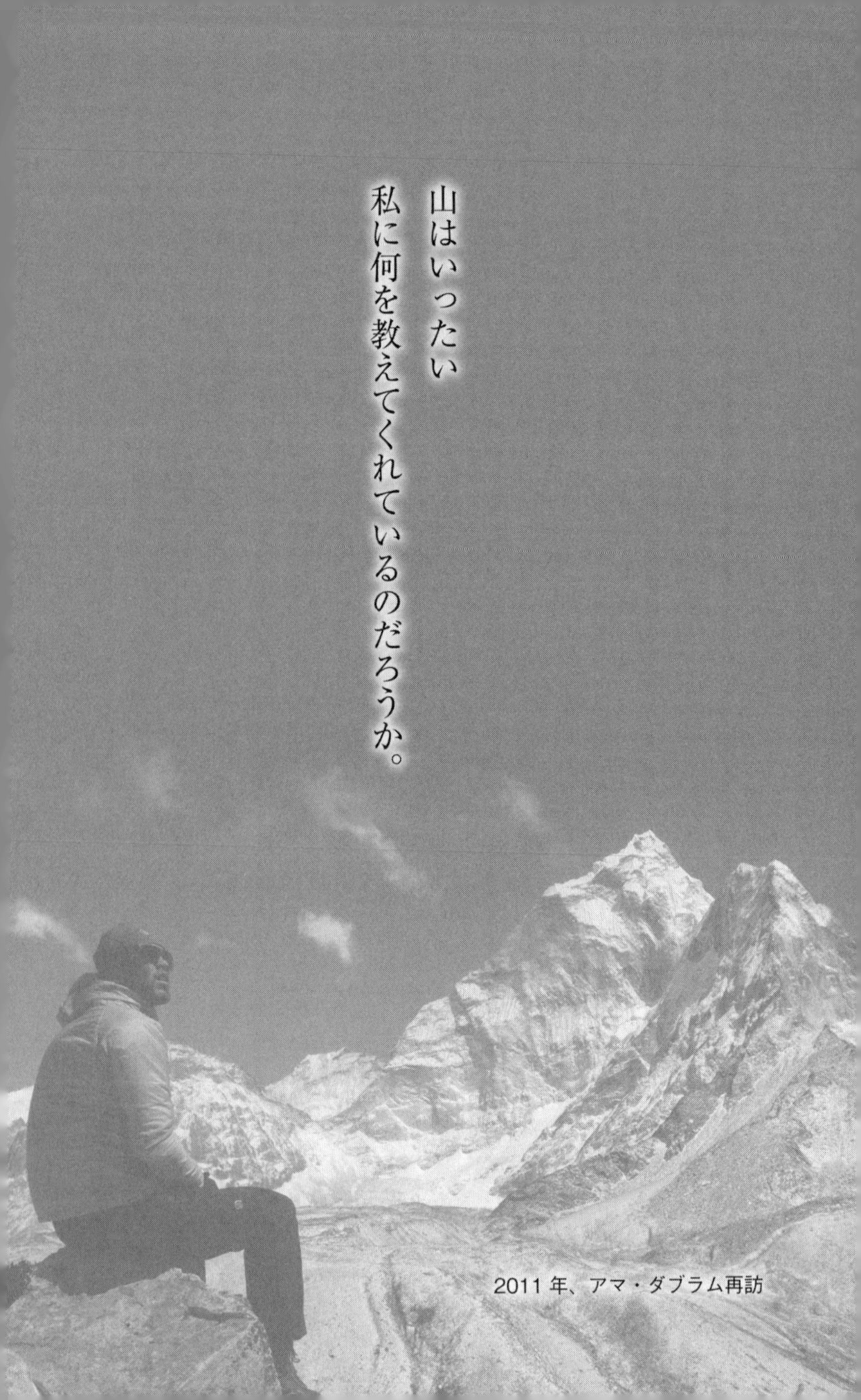
山はいったい
私に何を教えてくれているのだろうか。

2011年、アマ・ダブラム再訪

「未知への探求心」に動かされて

カメットの南東壁を初登攀した翌二〇〇九年二月、突然、そのメールが届いた。四月下旬にフランス・シャモニとイタリア・クールマイユールで行なわれるピオレドール賞イベントへの招待だった。

ピオレドール賞は「登山界のアカデミー賞」といわれる権威ある賞で、毎年、その前年に難度の高い、独創的な登山を成し遂げた隊とそのクライマーたちに授与される。ダグ・スコットなど多くの実績を誇る著名な登山家たちで構成される審査委員会での審査で六隊がノミネートされ、最終的に三隊が受賞。そのひとつに私たちのカメット南東壁初登攀が選ばれたのだ。一九九一年に創設されたピオレドール賞の歴史において、日本人が受賞した初めての出来事でもあった。

私たちの受賞理由のひとつが、「未知への探究心に対して」だった。これが、私には何よりうれしかった。授賞式のあいさつで私は「カメットを登ったことよりも、この山の未踏ルートを見つけたことこそが私たちの成功だった」と述べたように、私の登山家としての真価をひとつ挙げるとすれば「ルートを見つけるセンス」だと自負している。テクニックだけをとっていえば、私以上に登れる人は日本でも世界でもたくさんいるだろう。しかし目標になる課題を見つけるセンスがなければ、そのテクニックを発揮することはできない。

「未知への探求心に対して」――。この受賞理由はまさに、私の登山哲学を評価してくれたものであり、これから進むべき山の道への大いなる励ましにもなったのだった。

かくして二九歳でピオレドール・クライマーという名誉をいただいた私の、それまでの道のりはいったいどのようなものだったのか。そこから振り返ってみたい。

剣道と競技に明け暮れた日々

私のなかにある最初の山の記憶は、六歳のときに家族で登った北アルプス燕岳の風景だ。

中房温泉から燕岳への合戦尾根の登りは、初めて大きな山に登る幼稚園児にとっては苦行そのもので父を恨んだが、頂上に到達したときに見た景色がとても印象的で疲れを忘れた。あたりの花崗岩の奇岩は風化し、丸みを帯びたさまざまな形をしていて、まるで奇岩が織りなす庭園のようだった。山の頂上は鋭く尖っているもの、というイメージとは違うのが意外だった。また、いつもは見上げている雲が目の前で形を変えながら流れていくすがたが、強烈な印象として刻み込まれている。

この初めての登山には、自らの足の小さな歩みでも、その先にこんな世界を見ることができるのだという新鮮な驚きがあった。

６歳のときに家族で登った燕岳（右から２番目が私）

私は一九七九年に長野県の南部にある母の故郷の阿南町で生まれた。父は警察官で、山岳救助に携わっていたこともあったようだ。現場を知っておくためにも近在の多くの山を登り歩いたものだと後に父から聞いた。夏休みには、山より海に連れていってもらうことが多かった。私は近くにある山より、遠くにある海に憧れを感じる子どもだった。それでも日々の生活の中で、家の近くにある裏山は私にとって放課後に探検ごっこで秘密基地を作って遊ぶような場所だった。アケビを取って食べたりもした。

小学校低学年のころは、小彼岸桜で有名な高遠城址の近

幼少期には剣道を習っていた

くの官舎にいた。桜のシーズンになると、よく早朝に高遠城址公園に父と兄とランニングに出かけた。観光客のいない静かな朝の、走りながらの花見はとても気持ちがよかった。そこから見える、田園の先に高く聳える山は仙丈ヶ岳だと父が教えてくれた。そのときは三角形の険しく近づきがたい山に見えたが、山の経験を積んだあとになってみれば、円くてたおやかな山に変わっていた。

二歳上の兄とはよく喧嘩した、というよりいじめられた。父は柔道の黒帯で、子どもにも武術を習わせたかったのだろう、まず兄が小学校三年生のときに町の体育館で剣道を習いはじめた。その稽古を見ていた私も剣道をしたくなり、それからは剣道に没頭することになる。理不尽な喧嘩ではなく、ルールがあるなかで兄とも竹刀で勝負ができることがうれしかったのかもしれない。

スキーも幼少期から始めた。ある冬の日にプラスティックのスキー板を父がプレゼントしてくれたので、さっそく公園で雪の小山を作って直滑降したのだが、転んだらスキー板が真っ二つに折れてしまった。もらったその日に壊してしまったというのに父は怒るでもなく、それならと本格的なスキー板を用意してくれた。以来、夏は山、冬はスキーが家族の恒例行事になり、あっという間に私は家族でいちばんのスキーの腕前になったのだった。

ある日、父に誘われて町民マラソンに出た。いつもの早朝のランニングのように父のゆっくりしたペースに合わせて走っているうちに、多くの人が自分の横を追い抜いていくのが悔しいように思えたし、少しも疲れていなかった私は父に「先に行ってもいいか」と訊いた。たくさんの人が参加していたのでまた父と再会できるか不安だったが、父から離れて自分のペースで走りはじめると、私は大きい大人を何十人も抜いていった。それでもまだまだ余力があったので、先にある次の背中を目標にさらにスピードを上げる。ゴールしたときは、達成感より、「まだもっとたくさんの人を追い抜けたのに」という不完全燃焼の気持ちだった。最初から自分のペースで走らなかったことを悔いた。

この、自分のがんばりで目の前の人をどんどん抜いていくという爽快感が、私を競技者として目覚めさせるきっかけになった。

小学校四年生になるとき、父の転勤で辰野町の小学校に転校した。運動が得意だったせいもあって、新しいクラスにもすぐに溶け込むことができた。走るのが速かったので同級生の女の子に誘われ、町内一周駅伝チームのメンバーになった。町内をくまなく走るその駅伝には小学生区間もあり、社会人に混じって一緒に練習をする。走る楽しさを教えてもらいながら力をつけ、成績を残していくことにやりがいを感じるようになった。放課後の時間はもっぱら剣道で、さらに夕食後には駅伝メンバーとの練習が加わる。一日二十四時間のうち、勝敗にこだわる鍛錬の時間が増えていった。小学一年生から始めた剣道は中学校の部活でも続け、最後の夏には県で団体三位になった。

次は陸上競技で己の強さを追求したい――。

その思いから、当時、陸上競技では長野県の強豪校だった東海大学第三高等学校（現、東海大学付属諏訪高等学校）に進学する。しかしさすがの強豪校の練習についていけず、入部してすぐに陸上部を辞める選択を迫られた私が次に選んだのが競歩だった。当時、競歩はまだまだマイナーな競技で指導者も少なく、よその学校の選手や指導者と交流合宿を持ちながら実力をつけていった。偶然にも近くに一九八八年のソウルオリンピックに出場した現役選手がいて、直接学ぶことができた。その交流合宿では気分転換にみんなで小さな山を走って登ったりもして、久しぶりに見る山頂からの景色はどこか懐かしく思えた。

競歩大会で先頭を行く

こうした日々を重ねていくうち、競技場は私にとって少しずつ窮屈な場所へと変化していった。競技へのモチベーションが下がることはなかったが、日々の練習に競技場の外でのトレーニングメニューを取り入れられないかと考えてみた。思いついたのが、いつも練習していた競技場から正面に見えている山に登るというトレーニングだった。縦移動なのでそのぶん負荷はきつかったが、トラックでの練習より爽快で、溢れ出る汗は気持ちいいものだった。その成果もあってかその後、県の競歩大会で優勝。さらに、陸上部では退部を迫られるほどのレベルだった私が全国で六位にまでなった。

父の仕事は引っ越しがつきものである。高校生のときの自宅

高校時代は八ヶ岳 編笠山の山麓で過ごした

は八ヶ岳のいちばん南にある編笠山の麓の標高一〇〇〇メートルほどのところにあった。夏は涼しくていいが、冬はマイナス一五度になることがざらだった。アイスバーンの道を自転車で最寄り駅まで通ったのは、いまから思うと耐寒とバランスのトレーニングになっていたと思う。

私の部屋の窓からは近くに八ヶ岳、正面には南アルプスの鳳凰三山から甲斐駒ヶ岳や鋸岳の稜線、さらに遠くには富士山がよく見えた。これまで私にとって山は風景の一部としてしか見えていなかったが、その見え方が変化していったのもそのころだったかもしれない。

進学した東海大学でも陸上部に所属して競歩を続けた。しかし競技場で練習することはほとんどなく、もっぱら校外に出ていった。丹沢の山々が自転車で行ける距離にあったこともあり、昭文社の「山と高原地図　丹沢」を手に丹沢を登るようになった。半年もすると、ほぼすべてのコースをトレースしていた。景色のいい稜線や山頂に立つたびに、勝敗にこだわって人の背中を追いかけるばかりの日々だったため、こうして目の前に広がっている素晴らしい世界を知らずにいたことを残念に思った。

それでも一年生のときは競技に打ち込み、二年生の夏の終わりに行なわれた競歩の日本選手権ではたしか一〇位になった。たしか、というのは、じつは正式な順位を覚えていないのだ。自分にとって順位はあまり重要ではなくなっていたのだろう。その成績に、もう十分にやり切ったという大きな達成感があり、社会人になってもこの競技を続けている自分のすがたを想像することはできなかった。練習も人より何倍もやってきたから、これがピークだとも感じていた。

〈競技場〉の外へ

その一方で、山への思いはどんどん膨らんでいった。トレーニングで山にいられるのはせいぜい数時間。そのうえ季節は雪の解けた春の終わりから秋までに限られていたので、山肌にまだ雪が見えるときは遠くから眺めているしかなかった。

トレーニングで登る山の範囲のその先にある未知の世界を知りたくて、ようやく一歩を出した山が夏の八ヶ岳だった。いつも編笠山の少し先で引き返していた稜線を、二泊三日かけて蓼科山

初めてのテント泊単独行は、編笠山から蓼科山まで２泊３日の八ヶ岳全山縦走だった

まで歩いてみることにしたのだ。この人生初めての縦走登山は、多くの失敗をしたものの感動の連続だったから、いまでも色褪せない思い出になっている。

はじめのうちはいつものくせで、景色より地図のコースタイムとストップウオッチばかりに目がいっていた。競技者のくせが染みついていたのだろう。南八ヶ岳から北八ヶ岳に入るとこれまでの荒々しい山容から森の道にがらりと変わり、生まれて初めて見る苔の絨毯に目を奪われた。そして最後の蓼科山を登り終えて来し方を振り返ると、なんともいえない充実感に満たされた。山では自分でコースを選び、進んでもいいし戻ってもいい。装備も食料も自分で考えて、すべて自分の責任で行動する。こんな自由な活動に素直な感動があった。私は〈競技場〉という囲いを出たという解放感に包まれていた。

家に帰ると、いつも見上げていた山々が明らかにこれまでと違って見えた。遠く高く聳えていた山がより身近に感じられるようになっていた。

その後、私は自主練として月一回ほど、八ヶ岳の美濃戸口↓行者小屋↓赤岳↓横岳↓硫黄岳↓赤岳鉱泉↓美濃戸口のコースを三時間半ぐらいで走るようになった。いまでいうトレランだ。登りはクロスカントリースキーのようにストックを持っている腕を後ろに押し出すような動きをする。下りはストックでバランスを取りながら、時にそれを軸に大きくジャンプをしながら悪路でもスピードを出す方法を自己流に考案して実践していた。足元はいつものメッシュ生地のランニングシューズだった。

里ではそろそろ雪解けが進んだ三月下旬、とうとう待ちきれず自主練のいつものコースに出かけた。走りはじめてすぐに南沢に入ると一面雪に変わり、アイスバーンのようになった道に苦戦しながら進む。すると、夏にはなかった道標の分岐に出くわした。悩んだ末、右側の道をいつもと違う景色に不安を感じながらも進んでいくと、目の前に凍った大きな滝が現れた。生まれて初めて見る氷の滝はエメラルドグリーンのような神秘的な色をしていた。その滝の真ん中ぐらいにヘルメットをかぶった人がいて、斧のようなもので氷を叩いて壊しているように見えた。いったいこの人は何をしているんだ？　何かの工事をしているのか？　私はアイスクライミングというものを知らなかったのだ。もちろん、それが南沢小滝だということも。

分岐に戻って行者小屋まで行くと、無雪期とはまったく違う風景に驚くと同時に感動した。ここから赤岳に向けては急な雪道になるが、そのまま登っていく。文三郎道の森林限界を抜けると日差しがあり、無風で暖かい陽気だったので上半身は裸、下半身は短パンという出で立ちで赤岳の頂上に立った。アイゼンを着けピッケルを持っている登山者に変な目で見られながらも、登頂の記念写真をお願いした。

そこから横岳への岩稜は日差しで雪が解け出し、アイゼンを着けた登山者が歩きにくそうにしている横を走って抜いていく。硫黄岳からの下りになるとさすがに雪が多くて前向きでは下りられず、ストックを逆に持ち直してグリップの部分を雪に刺しながら後ろ向きで慎重に足を出していった。このころになると靴も濡れて、指先が冷たさを通り越して痛くなってきていたが、それでも赤岳鉱泉からの緩い下りでラストスパートとばかりペースアップすると指先の痛みはいつしかなくなっていた。

滑落しそうになるなど何度か危ない場面に遭遇したこの山行は、山に無知だったからこそできたこと。三月の八ヶ岳縦走であんな装備とウエアなら遭難してもおかしくなかっただろう。この山行を機に、冬山や標高の高い山をめざすなら、自己流ではなくもっとしっかり学んで取り組む必要があると痛感した。競歩競技ではある種の達成感を得たし、自分のなかで山の存在がどんどん大きくなっていたから気持ちはすっきりしていた。
陸上部を退部して山岳部に入部することにした。

ぶっちぎりの優勝

一九九九年の秋、陸上部に退部届けを出したその日に、私は山岳部の部室の前に立っていた。陸上部を退部してまず胸に去来したのは、ルールというものから解放された安堵感だった。競歩の競技会となると、数百メートルごとに審判がいて、片方の足が必ず地面に着いているかどうかを常にチェックしている。そうなると、町の生活でもどこか人の目を意識するようになってしまった自分がいた。それに対し、そういう窮屈さがまったくない登山の自由さが心地よかった。登山というものに魅力を感じたのは、ルールの厳しい競歩という競技への反動があったからかもしれない。

大学二年生で山岳部に入部した時点で、部員は四年生と三年生に一人ずつしかいなかった。たまたま同時期にもう一人入ってきたので、私を入れて計四人のこぢんまりした部活だった。しかし三年生は数カ月すると退部してしまい、広い部室はさらにがらんとなってしまった。これまでの数百人いた陸上部とは大きな違いだった。

入部して数カ月後、日本山岳会の学生部が主催する大学対抗マラソン大会が皇居外周一周五キロのコースで行なわれた。まず午前中は四周を四人で競う団体戦だ。連覇している明治大学は、優勝したらOBから金一封が出るらしく気合が違っていた。もちろん入部したばかりの私を知っている人はだれ一人おらず、唯一の先輩で主将の蔵元学士さんもそのあとに起きる展開は想像できなかったにちがいない。

大学山岳部対抗マラソン大会で、団体戦・個人戦ともに優勝する

私たちは部員が三人しかいないので、トップとアンカーを私が走ることになった。一周目、ぶっちぎりのトップでスタート地点に戻ってくると、会場のどよめきが聞こえた。二番手の同期もトップをキープして、三番手の先輩がスタート。まるで初心者のような走り方に思わず笑ってしまったが、そうだ、ここは陸上部ではなくて山岳部なんだと気づくとともに、自分は山岳部に入ったのにまたこうして走っているのかと苦笑いするしかなかった。

先輩は抜かれて四位で戻ってきたが、私はまったく心配していなかった。私のハーフマラソンのベストタイムは一時間八分三〇秒だったから。アンカーとしてまたしてもかなりの差をつけてトップでスタート地点に戻ってきたときは、会場に二度目のどよめきが起こった。団体戦の初優勝である。

午後は三周で競う個人戦が行なわれ、もちろんここでもあっけなく優勝。タイムは五二分五五秒で、以後、破られることのないコースレコードとなった。そして、この日のために陸上部から助っ人を連れてきたと疑われて非難を浴びている先輩を尻目に、これからは陸上部からの助っ人平出でなく、「山岳部の平出」としてのすがたをしっかり見せていこうと誓ったのだった。

優勝には大きなおまけがあった。登山用品店やメーカーの協賛で豪華な景品が用意されていて、貧乏学生の私には高嶺の花のシモンのピッケルをはじめ、新品の装備をいくつか頂戴することができたのだった。

目の前の、突然の死

日本山岳会の学生部での交流のなかで、日本と韓国の交流登山のことを知った。両国の学生でインスボン（仁寿峰）という韓国の山で岩登りをする計画だ。インスボンは韓国ではクライミングの聖地とされている岩峰である。当時の私はそんなことを知る由もなかったが、なんの迷いもなく志願した。とはいっても私は、その数カ月前に神奈川県にある湯河原の幕岩を一回登った経験があるだけの初心者だった。

その幕岩ではまずは当然のことながらトップロープという、失敗しても墜落の心配のない方法で登る。しかし疲れない登り方がわからないので、その日のトレーニングが終わるころには前腕がパンプしてしまい、ハーネスに結んでいるロープをほどくのに一苦労するほどだった。二日目にはまだ慣れないながらも前日よりいくらかスムーズに登れるようになり、最後はいよいよリード、すなわちトップで登ることになった。指示されたルートはいきなり５・10ａのグレードなので初心者にはあまりにハードな課題だったが、クライミング二日目にして気持ちはもう初心者ではなかった私は、気合でなんとかそのルートを登り切る。またひとつ、新しい世界が開けた瞬間だった。

インスボンは、想像以上に大きな岩峰だった。つるつるの花崗岩で傾斜もきつい。初日は八ピッチのルート「ウジョンＢ」を韓国の学生とリードを交代しながら登り切る。次の日も、また次の日も時間いっぱい登った。不安や恐怖というネガティブな気持ちを消し去り、新しいことに果敢に挑戦してなんでも経験したり吸収したい気持ちでいっぱいだった。

インスボンでの経験は、いつかは海外に行って新しい世界を見てみたいという夢が実現した最初の出来事だった。私は自分の内側から湧き出てくる山への好奇心を抑えられなくなっていた。

岩登りに夢中だった大学山岳部時代

私は山を学ぶことに飢えていた。
当時、富山県にある文部省登山研修所、通称「文登研」では山の遭難事故を防ぐべくさまざまな研修プログラムを実施していて、大学山岳部のリーダーは文登研が行なう春夏秋冬の年四回のプログラムで研修を受けるようにと文部省（現、文部科学省）から通達を受けていた。大学もそのためなら資金を出してくれるということだった。私はまだリーダーではなかったが、山岳部員が少なかったためその研修登山に参加することができた。

大学山岳部時代には雪山登山の基礎をしっかり学んだ

二〇〇〇年の冬山実地研修は、全国の大学から集まった研修生三二人が一〇人の講師のもと七つの班に分かれて大日岳を登り、スキーで滑り降りるというもので、入山して三日目に登頂し、翌日下山する予定だった。

その三日目、私たちの班は午前一一時ごろに大日岳の頂上に着いた。快晴で風もほとんどなく、日本の山とは思えない険しい山容の剱岳がよく見えた。私は雪庇に注意しながら見晴らしのいい頂上の端に近づいてあたりの写真を撮り終えると、ちょうどその撮影ポイントに後続のメンバーが登ってきたので場所を譲り、昼食を食べようと移動した。その直後、「ぼん!」という音とともに私と彼らとのあいだの雪に亀裂が入り、一メートルほど先の目の前にいたメンバーが雪煙の中に消えていった。雪庇がその上にいたメンバーを巻き込んで崩れたのだった。研修生九人、講師二人が雪庇から滑落し、二人の研修生が亡くなる惨事となってしまった。

山での死、山の厳しさを現実のものとして突きつけられたこの事故は、私の脳裏にしっかり記憶されている。

一年で二つのヒマラヤ登山

山岳部に入ると、山岳部ＯＢである出利葉（でりは）義次さんという方と出会った。出利葉さんはヒマラヤやヨーロッパアルプスなどを登っている人で、当時、大学職員ということもあり山岳部の部室にたまに顔を出してくださった。その出利葉さんが、山岳部ＯＢ主体で二〇〇一年にチベットのクーラ・カンリという山に行く計画を立てていた。

クーラ・カンリは中国チベット自治区とブータンの国境近くに位置する主峰七五三八メートルの山である。主峰のほかに中央峰（七四一八メートル）と東峰（七三八一メートル）を持つ。主峰は一九八六年に神戸大学山岳部が初登頂しているが、中央峰と東峰は未踏で、そこに目標を定めていた。大学山岳部ＯＢ主体の計画だが学生も数名連れていくことになっていて、私が入部したときの四年生だった主将が行くことが決まっていた。

七〇〇〇メートル級の山とはまったく想像のつかない世界だったが、私もアピールすればなん

クーラ・カンリ 2001

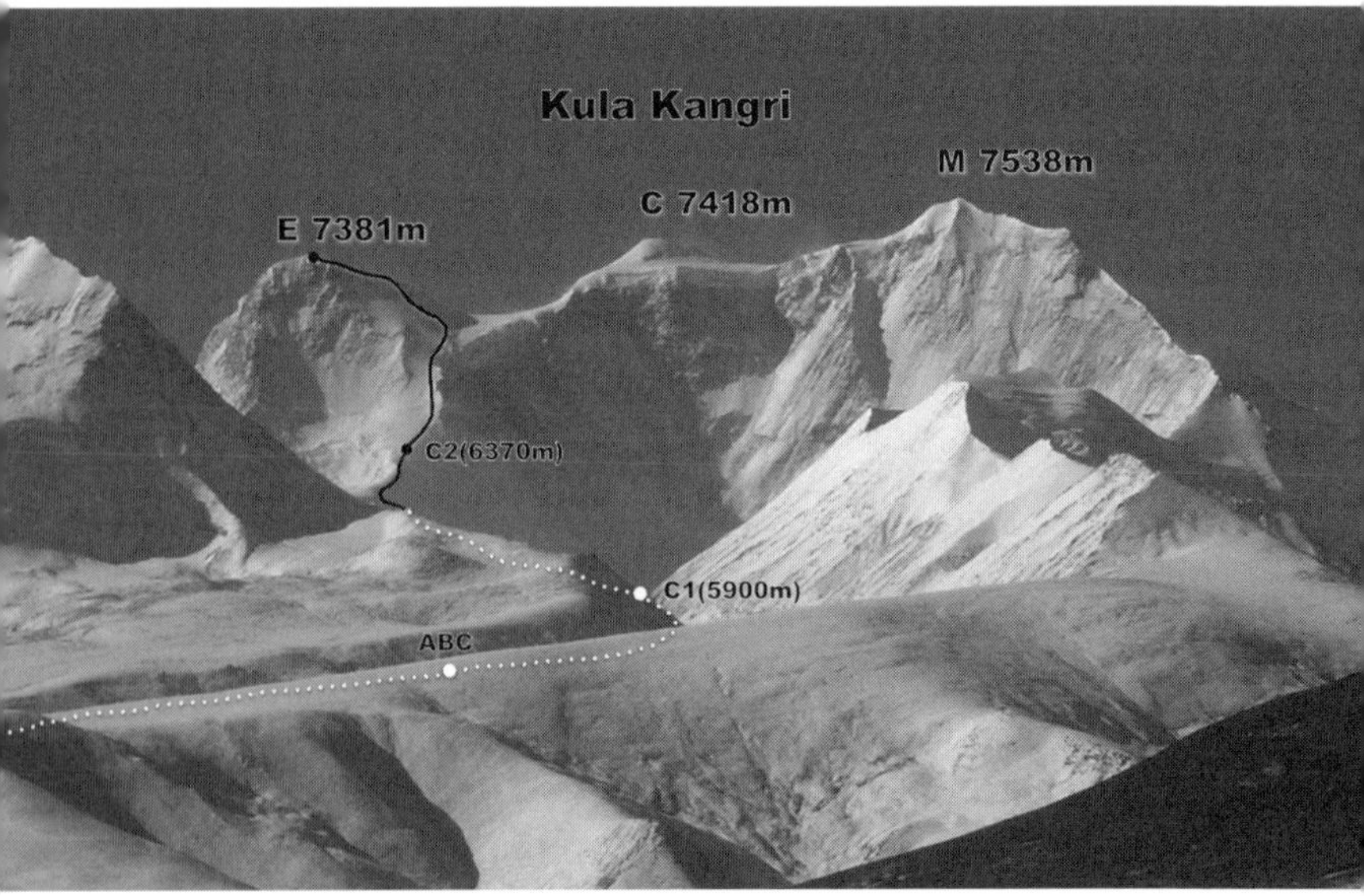

プマユムツォ湖からクーラ・カンリを遠望する

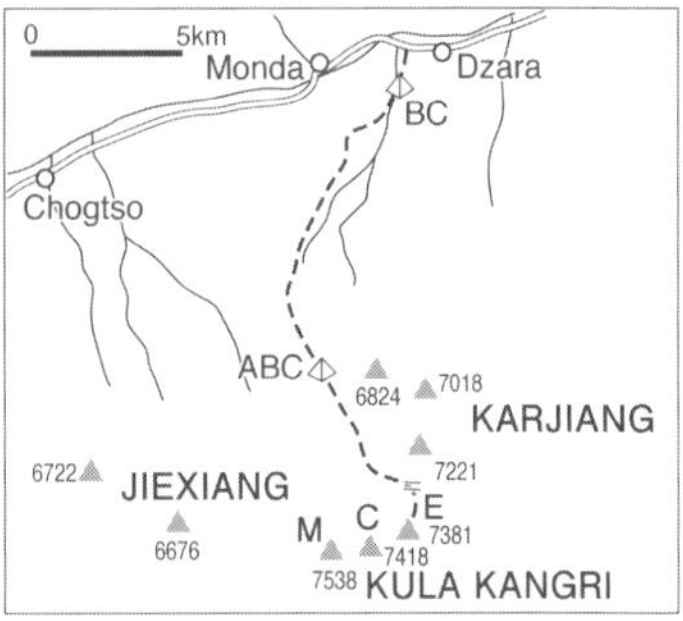

—登頂履歴—
1986年春に神戸大学隊が北面にベースキャンプを設置し、西稜から主峰に初登頂した。

とか末席に滑り込めるのではないかと淡い期待を抱いて、遠征に向けて催されている月一回の勉強会に呼ばれてもいないのに出席した。だが、「おまえはまだ冬山もやっていないし、問題外だ」と出利葉さんに言われてしまった。それでもあきらめられず、クーラ・カンリという山のイメージを立体的につかむために、勉強会のときに渡された等高線の入った地図をもとに山の立体模型を作ってみた。すると、次の勉強会では私の模型を見ながら「このあたりから登ろうか？こっちはどうか？」とＯＢたちが盛り上がっている。クーラ・カンリの写真は遠目からの一枚があるだけだったので、その模型を活用してくれたのはうれしかった。

そのうち、どうすればこの遠征に参加できるかと懸命にアピールする私を見て、隊長が「実際にクーラ・カンリに行けるようになるかどうかわからないけれど、遠征までの雪山の登山経験で判断しよう」と言ってくれた。

初めての冬山登山は一九九九年冬の涸沢岳西尾根からの奥穂高岳だったが、山岳部の一年目は冬山のピークに立たせないという部の決まりだったので、アタックに向かう先輩を送り出して私はテント番。そのとき、こういう決まりになんの意味があるのかと思ったものだった。

二回目となる翌年の冬山登山は年末年始の早月尾根からの剱岳。今回は山頂に立てる楽しみがあったが、立てなければクーラ・カンリはないというプレッシャーもあった。結果、天気にも恵

初めてのヒマラヤ登山で未踏峰のクーラ・カンリ東峰に登頂

まれて冬劔に登頂したこともあり、大学山岳部OB主体の総勢一六人の大遠征隊に私も加えてもらうことができた。

二〇〇一年三月二十六日に日本を発ち、北京へ。北京から成都、成都からラサへと空路で移動する。さらに四月一日にベースキャンプ着。一カ月半をかけて登頂し戻ってくる計画である。

三つのパーティーに分かれてルート工作、荷上げ、休養というローテーションでルートを延ばしていく。私も非力ながらルート工作を任され、この一歩一歩が頂上につながっていると思うと気持ちが高揚した。かくして隊としては中央峰と東峰に初登頂。私は七人のメンバーと共に東峰の頂上に立った。

こうして私の初のヒマラヤ登山は好スタートを切れたのだが、振り返ると、七〇〇〇メートルを超える名峰でありながら、それまで未踏峰で残されていたクーラ・カンリ中央峰、東峰の価値がよくわからないままに登ってしまったことが悔やまれた。

話はクーラ・カンリに行く前にさかのぼる。

東京・市ヶ谷にある日本山岳会の集会室で学生部の月一回程度の交流が行なわれていて、そこで亜細亜大学山岳部の大石明弘さんと知り合った。同い年の彼は前年にアラスカの最高峰デナリ（当時、マッキンリー）を登っていて、次は八〇〇〇メートル峰だと意気込んでいたのだが、メンバーが集まらず意気消沈していた。彼の目標はチベットのチョー・オユーという八一八八メートルの山だった。当時の私にとって八〇〇〇メートル峰とはとんでもない世界だったが、標高の高いところに行きたいという単純な理由から参加を申し出た。

クーラ・カンリから戻ってきた年の秋、大石さんとチョー・オユーへと向かう。この山は八〇〇〇メートル峰のなかでは比較的容易とされているため、ベースキャンプは大勢の登山者でにぎわっていた。

登山費用を抑えるため、私たちはベースキャンプまでの手配をしてもらう国際公募隊に入った。国籍もばらばらな参加者がコックを共有しながら同じベースキャンプで生活する。欧米人は体格が大きく、いかにも体力がありそうだ。それに比べて私たちは若くて体も小さいから、「おまえ

チョー・オユー 2001

5700 m のベースキャンプから見たチョー・オユー

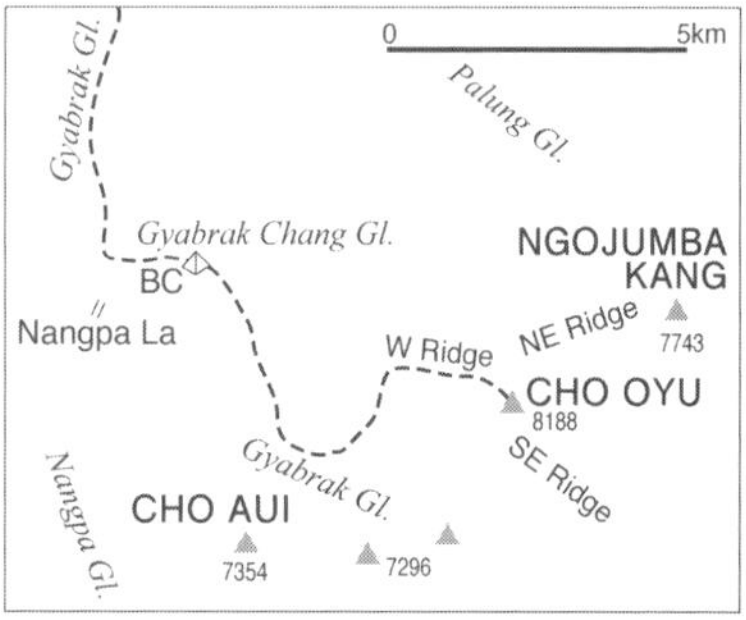

―登頂履歴―
1954 年秋にオーストリア隊（H. ティッヒー隊長）が初登頂に成功した。8000 m峰をめざすのに隊員３人という、当時としては異例の小パーティーだった。

チョー・オユー頂上まで
あとわずか

学生２人でチョー・オユーへ。
パートナーの大石明弘さんとベースキャンプにて

ベースキャンプには
驚くほど多くの
人がいた

たち子どもには登れないよ」と言わんばかりの視線を感じていた。しかし登りはじめると私たちはだれの助けも借りず、予定どおりのスケジュール、無酸素で頂上に立つことができた。スキーが得意だった私は山頂からのスキー滑降にも成功した。

しかし、山を終えて時間が経つほどに、「自分がやりたかったのは、こういうことだったのか?」という疑問が頭の中を霧のように覆っていった。チョー・オユーは公募隊登山が盛んなのでノーマルルートには頂上までロープが張られていて、時に列になって人の後ろをついていくしかなかったり、他隊との兼ね合いで登るタイミングを決めたりと、山が相手ではなく、公募登山隊の思惑に振り回されているような感じだったのだ。こんな自由のない、ほかの人の手によってすべての手筈が整っている登山はもうごめんだと思った。

ベースキャンプには、どんなときでもマイペースを崩さないポーランド人女性、山に登らず本を読んでいる人、物静かで多くを話さないが「新ルートから登るんだ」と粛々と準備し実行している人など、国も異なるさまざまな人がいて興味深かった。同じ山でも、向き合い方を変えれば山の恵みや得られるものも豊かで大きいにちがいないと思った。これは、八〇〇〇メートル峰の山頂に立ったことより大きな収穫だったかもしれない。

第2章 山と生活の両立を求めて

2004年、パキスタンのライラ・ピーク山頂にて

きちんと仕事をすること、
信頼を得ること。
それは山へ登るための
大切な準備でもあるのだ。

2004年、パキスタンのスパンティークへのトレッキングにて

貼り合わせて作った大きな地図

クーラ・カンリ東峰、チョー・オユーとヒマラヤの二つの山を登って帰ってくると、それまで遠いところと思っていた海の向こうの世界も意外と近しいものだと実感することができた。そうすると、次の異国の山への憧れがまたしても膨らんでくる。

チベット・ヒマラヤ、ネパール・ヒマラヤの一部をそれぞれほんの浅くだが知った私は、次にK２などの高峰があるパキスタン北部の大きな山脈であるカラコルムへの興味が生まれた。

そんなある日、偶然にも街の古書店で『世界山岳地図集成　カラコルム・ヒンズークシュ編』（学研、一九七八年）という函入りの大判の本を見つけた。手にずっしりと重い。カラコルムとアフガニスタン北部ヒンズークシュの山々の詳細な地図を中心に、この山域の概説、登山の歴史などをまとめた文献だった。値段を見ると、定価二万円のところ二千円とある。ためらうことなく手に入れた。

その大判のページをめくりながら地図を眺めていく。しかしそれでは断片的で、いまひとつカラコルムの全体像をつかめない。そこで、カラコルムエリアの地図をコピーして貼り合わせると、一枚の大きな地図が出来上がった。その次にしたのは、東海大学山岳部OBの出利葉義次さんから『岩と雪』（山と溪谷社発行のクライミング専門誌。一九九五年に一六九号をもって休刊）のバックナンバーを借りてきて、カラコルムの過去の登山記録を調べ上げることだった。そして、自作の大きな地図に、登頂されている山にはチェックを入れ、トレースされているルートには赤線を引いていく。すると、だれもまだ足を踏み入れていない空白地帯が浮かび上がってきた。

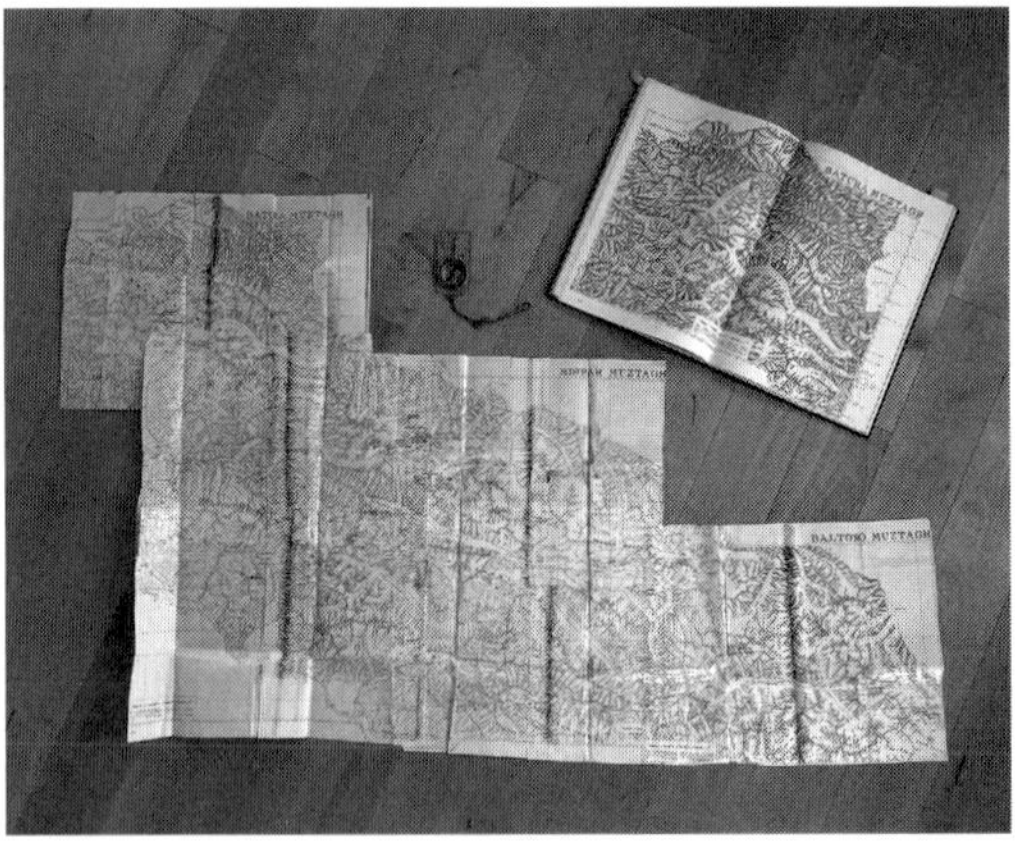

貼り合わせて作った大きな地図

　その空白地帯に、もしかしたら私の次の目標となる〈宝物〉を見つけられるかもしれない——。そう思ったものの、地図とにらめっこしているだけではらちが明かない。カラコルムの山々をこの目で見てみたい衝動を抑えきれなくなった私は、パキスタン北部山岳地帯の登山の拠点のひとつであるフンザの里へと旅立った。

フンザで見つけた〈宝物〉

二〇〇二年八月二十七日、成田空港からパキスタン航空機に乗り込む。ブラウスのような白く長い服をまとった男性、顔を隠して目しか見えない女性、耳慣れないことば、そして機内スピーカーから流れているコーランの響きと、いきなりイスラムの香りが私を包み込んだ。若さにまかせた初めての海外一人旅、初めてのイスラムの国、しかもイスラマバード到着時のホテルも予約していない――。こうして機中の人となり、もう後戻りはできないのに、さすがに先行きへの不安は隠せなかった。

飛行機は北京空港に立ち寄り、一部の乗客が降りるため席を立っていった。私はそうしたトランジットのことをまだよく知らず、イスラマバードまでの客もいったん降りる必要があるのか不安になった。意を決して近くの席にいた二人組の日本人に尋ねてみると、「降りなくてもいいんだよ」と。

それをきっかけに会話が生まれた。私がカラコルムの山を見に行こうとしていることを話すと、がぜん興味をもったのか、どんな山を見たいのか聞いてくる。そこで、貼り合わせて作った例の大きな地図を狭い機内で広げると、「この山のこの線は違うよ、ここも……」と指摘してくる。一目でそんな間違いがわかることに驚き、二人の口から次から次に出てくる山の名前にぽかんとするばかり。後に知るのだが、このお二人は寺沢玲子さんと、日本を代表する登山家の一人である飛田和夫さんで、これからキンヤン・キッシュという山へ行くとのことだった。その後の私の登山を思うと、まさに運命的な出会いだったというしかない。

イスラマバード空港に着いたのは夜だった。空港を出ると客引きのタクシーでごった返していた。知り合ってしまったばっかりに宿の決まっていない私を放っておくことができなかったのか、寺沢さんが「ついておいで」と彼らの宿に連れていってくれた。一人だったらイスラマバードの夜に途方に暮れていたことだろう。

飛田さんたちはカラコルムのキンヤン・キッシュ（七八五二メートル）に偵察も含めてすでに四回も行っているという（当時。その後さらに増えて八回）。山のおもしろさを知った人なら、世界のいろいろな山に登ってみたくなるのがふつうだろう。それに一般に伝わってくるのは八〇〇〇メートル峰をいくつ登ったとか、七大陸最高峰を制覇したとか、そういう一見わかりやすい記録だが、飛田さんたちはそういったものとはまったく違う価値観で山と相対している。人生をかけて

フンザの山との出会いが、その後の登山の方向を決めるきっかけとなった

ひたすら自分の登りたい山に打ち込む、そういう登山もあるのか……。この旅での最初の衝撃だった。

一晩面倒を見ていただいた翌日、当初の目的を果たしなさいと二人に背中を押されて私は安宿に移動。数日後の夕方、フンザへと、窓もエアコンもなく椅子もガタガタのローカルバスに乗り込んだ。昼間は五〇度もあったのに、夜行バスなので多少気温が下がって心地いい風が入ってくるのが救いだが、運転手はやたらとクラクションを鳴らし、バスの中にはにぎやかな音楽が延々と流れていてなかなか寝つけない。

これから向かうパキスタン北部山岳地帯は中国の新疆ウイグル自治区、アフガニスタンと国境を接し、中国の援助で造られたカラコルム・ハイウェイ（ＫＫＨ）がカシュガルまで通じている。しかしハイウェイとは名ばかりの悪路の連続で、平均速度は時速四〇キロほど。途中、何度か土砂崩れなどによる足止めを食らいながら、約二〇時間の長旅の末にフンザに到着した。

一泊約二〇〇円の安宿に腰を据えた。数日を過ごすうちに、ゆったりした時間が流れ、そのおだやかなたたずまいがもたらしてくれるフンザの里の心地よさに包まれていく。行き交う村人たちと気持ちのいい朝のあいさつを交わし、その柔和な表情に接していると、ある雑誌に「パキスタン北方の地に、フンザという、よき人々がいる美しい里がある」と書いてあったのを思い出し、そのとおりだなと思った。

「よき人々がいる美しい里」フンザでは、多くの友人ができた

持参した自作の地図を広げながら、フンザを囲むように聳える山々を仰ぎ、山座同定をしていく。これから〈宝物〉探しが始まるのだ――。そのときの胸の高鳴りはいまでも忘れない。

まず、伸びやかに広がるフンザの谷を隔てて堂々と大きいラカポシ（七七八八メートル）、その左隣に端正なディラン（七二六六メートル）、さらにその左奥に屹立するスパンティーク（ゴールデン・ピーク、七〇二七メートル）、振り返ればウルタルⅡ（七三八八メートル）と、真白い七〇〇〇メートル峰が朝焼けから夕焼け、月に照らされる夜までさまざまな表情を見せてくれる。とりわけ夕方になると、夕日に映えて壁が黄金色に輝くスパンティークに目を奪われた。

　フンザからカラコルム・ハイウェイをさらに二時間ほど北上するとパスーという地に出る。そこに、青い空に頂上を鋭く剣のように突き立てている山があった。地図を見ると、標高七六一一メートルのシスパーレという山だ。その美しい山のすがたの印象は強烈で、この旅でいちばんの出会いだったといっていいだろう。この山とはその後、四回も相まみえることになる。

　さらにいくつかの氷河を歩き、多くの山を見た。カラコルムの山々は大きなスケール、威厳のある「立ちすがた」で私を圧倒し、そのたびに私の未熟さをまざまざと思い知らされるようだった。一方で、私が求めているのは、まさにそういう山に分け入っていくことなのだとも思った。ここでなら、私なりの自由な登山活動ができるのではないか――。またここに戻ってこようと心に決めた。

　パキスタンの滞在はフンザとその周辺も含めると一カ月半ほどに及び、人生をかけて登りたい山に出会えた実りある旅となった。そしてその後も、この旅で仰ぎ見、名前を知った山々に足を運ぶようになるのだった。

なお、シスパーレは一九七四年に西ドイツ＝ポーランド合同隊が初登頂、九四年に増井行照さんが隊長として率いた菰野山岳会が第二登している。帰国してからさっそく増井さんに連絡をして登山報告書を一部譲っていただいた。いつも本棚のよく見える場所にそれはあり、いつか登頂したあかつきには増井さんに会いにいこうと私は心の中で決めていた。

退学、キンヤン・キッシュ、新しい生活

帰国したあとも飛田さん、寺沢さんとの交流は続き、二人が翌年にまたしても計画しているキンヤン・キッシュ登山に参加させてもらうことになった。同時に、もう大学にいる意味を見出すことができず、退学することを決めた。

では、退学したあとどうするか。山の道に進むなら、仕事も山関係のものがいい。

そこで私は思い切って、当時のＩＣＩ石井スポーツ（以下、石井スポーツ）社長、横田正利さんに手紙を書いたのだった。登山を真剣にやりたい。そのためにも、山の店で働きながら自分の裁量で登山ができる環境をつくっていきたいので便宜を図っていただけないでしょうか。そのよ

うな文面だった。

熱意が通じたのか、横田社長が会ってくれることになった。お会いすると開口一番、「君はどんな山をめざしているのか」と。「キンヤン・キッシュにこの夏に行きます。帰ってきたら入社させてください」とお願いした。すると「おまえ、いい山、登るな」と言われたことをよく覚えている。横田さんもかつて精力的に登っていたころ、この山に一度は行こうと思っていたとのことだった。

そのやりとりだけで内定をいただき、夏の遠征が終わったら店に来るようにと言われた。もし私が「世界最高峰のエベレストをめざします」と言っていたら、このような展開にはならなかっただろう。私は幸運にも、山のために長期に休暇をもらえる変則的なサラリーマンとして勤めさせてもらうという、登山を続けられる環境をつくることができたのだった。ひとつの手紙が思いがけずもたらしてくれた人生の大きな転機だった。

もう大学に未練はなかった。

キンヤン・キッシュの準備では、書類作成など登山前の事務作業を手伝いながらいろいろ勉強させていただいた。飛田さん、寺沢さんは私がやることを静かに見守り、私の手に負えなくなったときだけ手助けしてくれた。それまでは登ることだけに目がいっていた私は、登山が開始される前の準備がいかに大切かを知った。

キンヤン・キッシュ登山隊は飛田さん、寺沢さん、私のほかに三人の計六人。めざしたのは主峰の手前に未踏峰として残されている西峰（七三五〇メートル）だったが、頂上まであと一〇〇〇メートル以上残したところで時間切れになった。しかし、その結果とは裏腹に私は充実感でいっぱいだった。

未知のルートに可能性を探り、ひとつひとつ課題を解決していきながら山頂への道程をかみしめることができるなら、たとえ困難に出くわしても、その困難を果敢に克服していこうという気概が出てくる。そして、それを楽しむことさえできる。このキンヤン・キッシュには、それがあった。そして、チョー・オユーで感じた消化不良はそういう登山ができなかったからだと気づいた。敗退はしたが、「自分がやりたいのはこういう登山だったんだ」という発見があったこのキンヤン・キッシュの経験は、その後の私の登山の骨格をつくっていく端緒になった。

キンヤン・キッシュから戻ってすぐ、二〇〇三年の秋に石井スポーツに入社した。

昔の登山家のなかには、ひとつの遠征で貯金を使い果たしてしまっては、また単発的に割のい

キンヤン・キッシュ壮行会にて。左から2番目が寺沢さん、右端が飛田さん

目標としたキンヤン・キッシュ西峰。いまも未踏を保ったままだ

い仕事でお金を稼いで次の山へ、という登山を繰り返している人が少なからずいたようだ。それではは継続的に登山はできないし、時代も変わり、登山を取り巻く環境はより厳しくなると感じていた私は、登山を長く続けるためには仕事をきちんとこなし、収入を含めた日常の生活を安定させなければいけないという強い思いがあった。しっかりした生活のベースがあってこその登山なのである。

仕事先は、当時は新大久保にあった本店。中央線沿いのアパートから片道二〇キロを毎日一時間ほどかけて自転車通勤する。接客、品出し、レジ打ちなどやることは多岐にわたったが、登山家として認められる前に社会人として信頼され、必要とされることをめざして仕事に取り組んだ。そうするなかで、長期の登山に行くときには、会社、スタッフから「がんばれよ。ちゃんと帰ってこいよ」と応援してもらえるような存在になりたかった。きちんと仕事をすること、信頼を得ること。それは山に登るための大切な準備でもあるのだ。

谷口けいさんがふらっと店にやってきた

キンヤン・キッシュの翌二〇〇四年、スパンティークの登山を計画した。二〇〇二年のフンザ

スパンティーク。頂上に一直線に突き上げる岩稜が通称ゴールデン・ピラー

行のときに目にして強い印象を受けた標高七〇二七メートルの山で、フンザ側からは夕日が当たると壁が黄金色に染まって見えることからゴールデン・ピークとも呼ばれている。

この山のことをより詳しく教えてくれたのが『ヒマラヤ　アルパイン・スタイル』（山と溪谷社、一九九六年）という本だった。「もっとも魅力的なルートからのヒマラヤ登山」（帯コピー）としてヒマラヤの三九座から選りすぐりの四〇ルートを刺激的な数々のカラー写真とともに解説しており、そのひとつにスパンティーク北西壁の長大で急峻な柱状リッジ、通称ゴールデン・ピラーを一九八七年に初登攀したイギリス人登山家ミック・ファウラーとヴィクター・サンダースの記録が取り上げられていた。

私はこの山を舞台に、自分の裁量で計画を立て、現場でのすべてにおいて己の判断で臨む、私にとって初めての登山をしたいと思ったのだった。もちろんゴールデン・ピラーはとんでもない話だ。ミック・ファウラーらがゴールデン・ピラー登攀後の下降ルートに取った北西稜を目標に選んだ。

遠征の数カ月前に社長に計画書を持っていき、休暇の許可はもらった。しかしその後、話はとんとん拍子には進まなかった。パートナー探しが難航したのだ。目ぼしい人たちに端から当たっていくが、うまく山の魅力を伝えることができなかったせいか、だれも首を縦に振ってくれない。私がステップアップを急ぎすぎているようで、危なっかしく見えたのかもしれない。

あきらめきれず、店に顔見知りの登山家が来たらスパンティークの写真などをまとめたファイルを広げ、誘いの声をかける。仕事そっちのけの熱弁だったにちがいない。だがやはり、みなの反応は鈍かった。もしかしたら出発できないかもしれないと焦り、前年にキンヤン・キッシュに誘ってくれた飛田和夫さんに助けを求めた結果、一緒に行ってくれることになった。

飛田さんと二人で行く準備をして出発まで一カ月を切ったころ、ふらっとお店にやってきたのが谷口けいさんだった。彼女と会ったのはこのときが二度目。二〇〇一年に大石明弘さんとチョー・オユーに登ったときに開催した報告会に彼女も来てくれて、そのとき以来の再会だった。

雑談のなかで、スパンティークへ行くこと、そして「スパンティークが登れて、余裕があったらこのライラ・ピークにも行きたいと思っている」と、それぞれの山の写真を見せたら、驚いたことにその場で「私も行きたい。というか、私、その遠征、行く！」ということばが返ってきた。まさかの展開にびっくりしながらいろいろ話していくうちに、彼女が私と同じ目線で山を見ていることがわかり、うまくやっていけそうだと思った。それにけいさんは、もう何年も前から知り合いだったかのような錯覚を起こさせるほど、最初から不思議なほどの親近感を抱かせる人だった。

先の飛田さん、寺沢さんのように私の登山人生には運命的な出会いがいくつかあるが、これも間違いなくそのひとつ、しかもとても大きなひとつになったのである。

スパンティークへ出発。左から谷口けいさん、飛田和夫さん、私

スパンティーク北西稜の試練

かくして二〇〇四年六月、私が主導して計画、実行した初めての海外登山として、飛田さん、けいさんと私はスパンティークにやってきた。

いよいよあしたは頂上アタックへとベースキャンプを出るという日の夜、私は大きな不安でまったく寝つけなかった。

〝ほんとうに登って帰ってこられるのだろうか。片道切符になってしまうのではないか〟

私たちの登山はだれかのためではなく、ましてや義務でもない。行きたくなければ行かなくてもいい。そう、登山は個人の判断に委ねられたまったく自由な活動なのに、なぜこんなにプレッシャーがかかるのだろう。これまでは、ほかの人がセッティングしていたものに乗っかって登っていただけだった。だがいまは、全責任が自分の肩にのしかかっている。それが、これまでに感じたことのないプレッシャーのもとなのだろうか。これも登山者として私を成長させてくれる試練のひとつなのだろうか。

緊張感をはらみながら、ベースキャンプを発つ。数日天候が悪く、出発の日も落ち着かない空模様のなかのアタック開始だった。Ｃ１から上は雪の状態もさまざまで、硬く締まっているかと思えばすかすかだったり、時には腰まで埋まるほど深い箇所もあった。けいさん曰く、「二歩進んで、三歩下がるって感じだね」

標高六〇〇〇メートルから先はアイスクライミングとなった。体力が限界に近づいていたもののなんとか広い雪原に出てＣ２を設営。ところが、ここまで来て飛田さんの体調がおかしくなった。それまでは我慢していた胃痛がさらに悪化し、食事もまともに摂ることができなくなっていた。

「おまえたちなら絶対登頂できる」

飛田さんの励ましのことばに背中を押され、翌日、私とけいさんの二人でＣ２を出発する。相変わらず空は雲で覆われていたが、奇跡的にスパンティークの上空だけがすっかり晴れていた。ぽっかりと空いた雲のすき間をめがけて三歩進んでは立ち止まるのを繰り返しながら、それでも着実にピークに近づいていく。昼前、雪原を登り切るとそこが頂上だった。私にとっては三度目、けいさんにとっては初のヒマラヤの頂だった。

喜びもつかの間、下山に試練が待っていた。ホワイトアウトになって何も見えない。六五〇〇

スパンティーク北西稜 2004

ベースキャンプから見たスパンティーク

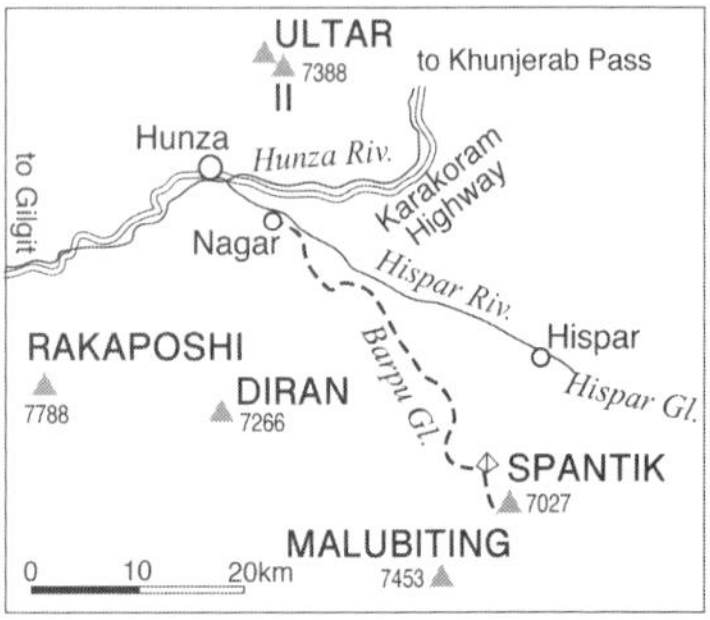

—登頂履歴—
1955 年に西ドイツ隊がチョゴルンマ氷河から南東稜を経て初登頂した。

頂上はまだ遠い

スパンティーク頂上に向け C2 から 2 人で出発する

メートル地点まで下ると、近くで「ドスッ！」という音が聞こえた。雪崩が起きたのか、それともその前兆なのか。飛田さんとの無線交信でも「早く帰ってこい」という声に切迫感があった。ホワイトアウトのなか懸命に下山を続け、その日のうちにはC2にたどり着くことができた。

翌日も危険な下降となった。すかすかの雪のため懸垂下降の支点にするためのスノーバー（L字またはT字断面のアルミ鋼材の、長さ五〇センチほどの棒。雪に刺して使う）が効かず、ロープを結び合いながらクライミングダウン（ロープへの荷重なしに降りること）していく。

スパンティーク頂上にて

だれか一人でも滑落したら全員が巻き込まれてしまう恐れがあった。無事にベースキャンプに到着したときは深い安堵があるばかりだった。

この登山を振り返れば、未熟な私たちを温かく見守り支えてくれた飛田さんには感謝の一言しかない。けいさんとは、二人で力を合わせてスパンティークに登頂し、また困難な局面にもうまく対応できたことで、互いにいいパートナーになれそうな予感がした。これからは飛田さんがいなくとも、二人でいろいろな山に登れそうだ。期待が膨らんでいった。

アルパインスタイルという登り方がある。ヨーロッパアルプスでやっているような、技術とスピードにものをいわせて四〇〇〇メートル級の氷雪の山々をささっと日帰りで登ってくるような登山を、ヒマラヤの高峰でもやってしまおうというのがアルパインスタイルだ。同時に、七〇〇〇メートルを超える未踏峰はほとんど残されていなかったから、ピークハントではなくルートハントが主流になり、だれも登ったことのない、より難しいルートを無酸素でよりスマートに、より短い時間で登るというのが世界の登山家たちのモチベーションになっていった。

そのような先駆的な登山を象徴する人物が、イギリスの登山家ミック・ファウラーだろう。ミック・ファウラーは一九五六年生まれ。税務官という仕事を持ちながら、限られた休暇を利用してヒマラヤで数々の未踏峰や未踏ルートの初登攀を成し遂げてきた。その代表作がスパンティーク北西壁のゴールデン・ピラーであり、ほかにも四姑娘山（スークーニャンシャン）北西壁、シヴァ北東ピラーなどの記録でピオレドールを受賞している。

アルパインスタイルがヒマラヤ登山の主流になっていったのには、記録や達成感だけでなく、別の理由もある。スピードが上がればそれだけ危険地帯にいる時間が短くなり、リスクが軽減されるのがひとつ。さらには、気の合う仲間と、ルート開拓を含め個人的な嗜好を反映させたクライミングができるからだ。それまでのヒマラヤ登山といえば大部隊による極地法（隊員が交代でルートを切り開きながらキャンプを進めていく、極地探検やヒマラヤ登山における基本的な登り方。ポーラー・メソッドともいう）が主流だったのだが、その後、登山の価値観ががらっと変わったのだった。

私もこのアルパインスタイル、すなわちベースキャンプを出たら山頂まで一気に登りつめていくシンプルな方法に憧れを感じていた。しかしスパンティークは、登頂には成功したもののワンプッシュのアルパインスタイルではなかったから手放しでは喜べなかった。次は六〇〇〇メートル級の山でアルパインスタイルを実践しようと、スパンティークから戻ったその足でけいさんと二人、ライラ・ピークをめざした。これは私にとっては予定の行動だった。航空機代だって安くはないし、一山だけ登って帰国してしまうのはもったいない。もうひとつ山を欲張ってもいいのではないかと、日本を出国するときにこのライラ・ピークも頭にあったのだった。

ライラ・ピークを知ったのは二〇〇三年のキンヤン・キッシュへの道中でだった。フンザのメ

2003年、K2（8611 m）との初めての出会い

インストリートを歩いていて、何気なく立ち寄った土産物店で一枚のポストカードが目にとまった。手で埃を払いのけると、尖った山がすがたを現した。〈ライラ・ピーク〉と書いてある。店主にこの山がどこにあるか聞いてみたが、「六〇〇〇メートル級の山はいっぱいあるから知らない」という。一〇ルピー（約五円）でそのポストカードを購入し、友人になった店主のいる登山用品店へ行くと、ライラ・ピークはＫ２などのあるバルトロ氷河への起点になるスカルドゥ方面の山だと教えてくれた。

キンヤン・キッシュ終了後、さっそく私はライラ・ピークを見るためスカルドゥへ行き、トレッキングに出かけた。フーシェの村から歩くこと二日、天を突き刺すその峰は神秘的かつ刺激的だった。世の中にこんなきれいな山が存在するのかとため息が出るほどだった。手元の資料によると標高は六〇九六メートル、急峻な北西壁は一五〇〇メートルに及び、これまで二度の登頂で七人が頂上に立っただけだという。未踏の北西壁を目標にしよう。これでもうひとつの山が決まり、偵察に来たかいがあったのだった。

この旅では標高五五〇〇メートルのゴンドゴロ峠まで行き、その峠から世界第二の高峰であるK2、さらにブロード・ピーク、ガッシャーブルムなどカラコルムの八〇〇〇メートル峰の威容を初めてこの目に収めることができた。

二つめの山、ライラ・ピーク

スパンティーク登山終了の報告のためイスラマバードまでいったん戻ったあと飛田さんと別れ、スカルドゥに移動してライラ・ピークへ向かう。

ベースキャンプでは、いままでにない緊張感に押しつぶされそうになっていた。標高こそそれほど高くないものの、セラック（山の斜面に解けずに残ったブロック状の巨大な雪の塊、氷塔。懸垂氷河ともいう）とクレバスが至るところにあり、午後にはひっきりなしの雪崩、そしてそそり立つ三角錐の北西壁。不安で胃が痛くなりそうになったのは初めてだった。

アタック前日、二人とも無言でルートを眺めつづける。

「やばそうだね……」

ライラ・ピーク北西壁 2004

ヒスパン（キャンプ地）から見たライラ・ピーク

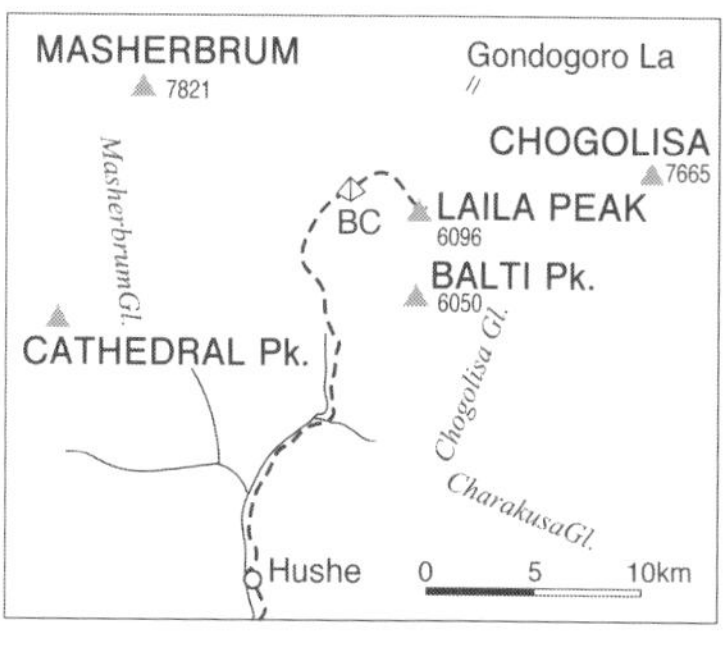

―登頂履歴―
不明

二人の口から、そんなことばがこぼれ出る。

それでも翌日の夜明け前、「どうする?」などとお互いの意志を確認するまでもなく、当たり前のように無言で出発した。

「登れるところまで登ろう」

私はけいさんに言った。


二人とも急峻な壁を相手にもがいていた。それは心の中にあるもうひとつの壁、もうやめてしまいたいという気持ちとの闘いでもあったのかもしれない。ロープを扱う手がぎこちない。いつもならバイルのピックが五ミリでも氷に刺さっていれば全身の体重をかけて前進できたのに、手が震え、バイルを打ち込みなおす回数が増える。アイゼンの爪先だけしか入らない硬い氷にふくらはぎも悲鳴をあげている。それでも、少しずつ高度を上げていくと、これまで手前の尾根で隠れていたK2をはじめ多くの山が顔を出しはじめた。眼下には私たちのベースステントが小さく見える。あそこにいれば命の心配は何もない。しかし、安全な場所などいまの自分にはなんの意味もないのだった。

そこを通過しないと先へ進めない巨大なセラックの下に出た。あれが崩れたら一巻の終わりだ。

ライラ・ピークの核心部、セラックの下を通過する谷口

ライラ・ピーク山頂からはK2をはじめ、カラコラムの魅力的な高峰が無数に見えた

ライラ・ピーク登頂を終えて

しばしセラックとのにらめっこが続いたが、覚悟を決めて一歩を出す。その下の危険な場所をトラバース気味に回避してセラックの上に出た。いつしか不安は吹っ切れて心も落ち着いてきた。まだ山頂に達していなかったが、ここからいま下山しても後悔しないだろうと思えた。けいさんの顔も充実感に包まれている。明るいうちに予定の場所にテントを張った。一年前に見上げた山にいま登っているのだと思うと、この一年で自分がとても大きく成長したように思えた。

翌日も天気が良かった。ダブルアックスでひたすら上をめざし、私たちの挑戦を待っていてくれたかのように一歩一歩山頂に導かれていく。その山頂はとても小さかった。まわりは大きな山だらけだが、いま立っているところがいちばん高く、世界の中心にいるかのように思えた。

登山とは不思議なものだ。しなくてもいいのに、なぜかしたくなってしまう。行かなければいいけないものではない。でもいつしか心は山に向かっている。今回のライラ・ピークは自分たちのモチベーションだけで登った山だった。実際は背中を押してくれる何か、引っ張っていってくれる何かがあるほうが楽なのかもしれない。それがないときは、自分と真正面から向かい合うことになる。それを切実に感じ取っていたのは、けいさんのほうだった。

この遠征の出発直前に彼女はこんな手記を残している。

未踏峰のドルクン・ムスターグに登頂した

〈私は、ただ歩いているだけの山から、自然とシビアなものを求めるようになってきた。シビアであるほど自分の姿がよく見えるし、本当にいま必要なものが見えてくる。そこで見えた弱い自分に踏み倒されて終わるのか、それともその腐りかけた自分を乗り越えて強い自分と向き合えるのか。それが大きな別れ道。大地の上で、自分自身との闘い〉（大石明弘『太陽のかけら　ピオレドールクライマー谷口けいの青春の輝き』山と溪谷社、二〇一九年。その後、ヤマケイ文庫）

けいさんの、人間としての成熟度がうかがえることばだ。そのころの私は、登山とは自分との対峙であるというようなことはあまり考えたことはなかった。同じレベルで同じ山を見上げていたつもりが、そこに向かう気持ちや覚悟において、けいさんは私よりずっと先を行っていた。

ライラ・ピークのあと、けいさんと別れて私は新疆ウイグル自治区に移動し、六三五五メートルの未踏峰に向かった。母校山岳部の学生主体で行なった遠征で、私はOBとして途中から合流し、初登頂に導くことができた。無名だった頂にドルクン・ムスターグ(現地語で「山の波」の意)と命名し、三カ月に及んだ登山を締めくくった。

ムスターグ・アタ

かくして二〇〇四年にスパンティーク、ライラ・ピーク、ドルクン・ムスターグと三連続の登山に成功した私は、次は六五〇〇メートル前後の山の難しい壁にも登れるのではないかと考えるようになった。

次の山として視野に入ってきたのが、インド・ガンゴトリ山群のシブリン(六五四三メートル)だった。けいさんにこの山の名を伝えると、彼女も『ヒマラヤ　アルパイン・スタイル』(前出)を持っていて、その中に出ているシブリンに注目していたそうだ。そうであるなら話は早い。

しかし、シブリンのような急峻な壁をもつ六五〇〇メートル級の困難な登山を成功させるためには、七〇〇〇メートル台の高い山で高度順応してから行くことが必要だと考えた。それも単なる順応登山ではなく、七五〇〇メートルあたりの高所のバリエーションルートを、納得できるスタイルで登ることができなければならない。アプローチや天候が安定しているかなどいくつかの条件で探して見つけたのが、新疆ウイグル自治区にあるムスターグ・アタ（七五四六メートル）だった。

二〇〇五年八月一日、けいさんを含む四人パーティーで日本を発ち、パキスタン側からカラコルム・ハイウェイで新疆ウイグル自治区へ向かう。中国との国境のクンジェラブ峠を越えて、カラ・クリ湖という美しい湖の近くにあるムスターグ・アタのベースキャンプに入った。

私とけいさんの目標はバリエーションルートである東稜のドラゴン・リッジから登頂して西側に下るというものだ。まず高度順応を兼ねて一般ルートである西稜に四人で向かったが、七二〇〇メートルまで登ったところでメンバーの体調不良と天候不良のため登頂には至らなかった。

九月一日、けいさんと二人で東稜に向かう。なだらかな西稜は大勢の登山者でにぎわっていたが、東稜は私たちだけ。同じ山にいるとは思えなかった。予定どおり稜の北側のガリー（急峻な

ムスターグ・アタ東稜 2005

2004 年、ドルクン・ムスターグの山頂で初めてこの東稜を見た

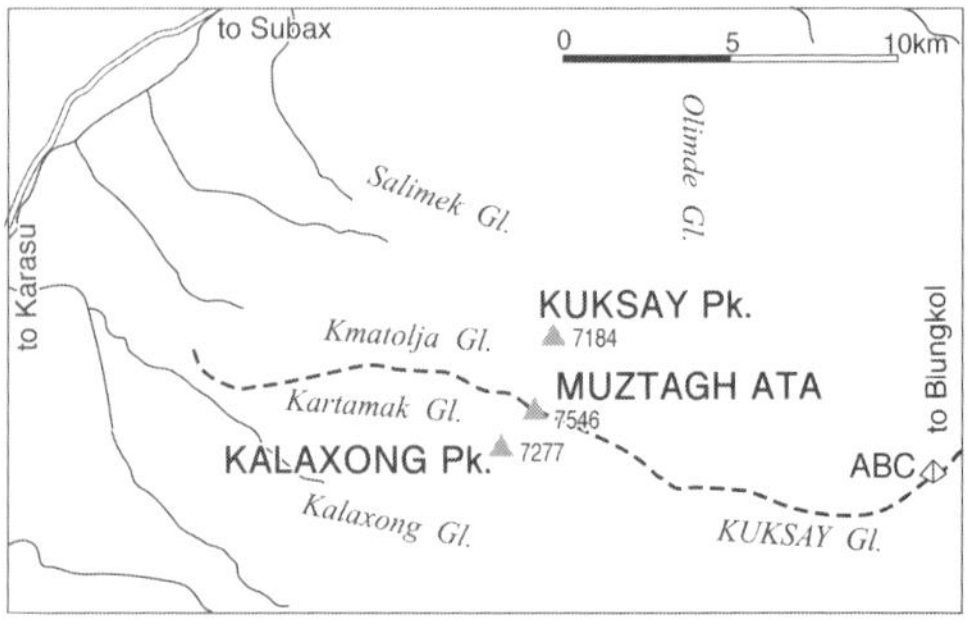

―登頂履歴―
1956 年に中国＝ソ連合同の大規模な登山隊が西稜から初登頂した。

まずは西稜のベースキャンプへとラクダと一緒に向かう

狭い岩溝）に取り付く。登るにつれて傾斜が増していった。
　二日目は前夜からの風雪で、朝になっても視界がなかった。チムニー状の岩と雪と氷のミックスを二ピッチ登って雪田に入る。ガスが晴れて目の前に東稜の核心部である、ぎざぎざした龍の背のようなドラゴン・リッジが姿を現した。
　三日目、快晴の朝、いよいよドラゴン・リッジに突入。膝下くらいまで雪にもぐったり、締まった雪だったり氷だったりと安定していない。そのうえ、登っても登っても次の雪壁が現れる。まさしく龍の背中だ。ダブルアックスを振る腕がパンプして疲労が激しい。この日の夜は、足が冷たくて熟睡できなかった。
　四日目、ドラゴン・リッジ後半もひたすらアップダウンを繰り返す。ときどきミニクレバスにはまりながら登る。七〇〇〇メートルの高みでアイスクライミングを強いられ、雪稜に出ても相変わらず傾斜がきついので休みたくても休めない。すぐそこに見える頂上岩峰がちっとも近づいてこないので、一歩一歩が苦しくてたまらなかった。眼下には登ってきた東稜がきれいに延び、隣にある北峰はオレンジに染まっていた。

五日目、頂上直下にあるセラックを越えて西稜側に出た。強風で顔が凍りついてしまうくらい寒かったが、そのすぐ先が頂上だった。二〇〇〇年のアメリカ隊に続く東稜の第二登だった。スキー滑降して西稜側での寒い一晩をなんとか乗り切り、六日目にベースキャンプに帰り着く。ここまで戻ってくると、山頂あたりの希薄な空気と極寒の世界がまるで夢の中での出来事だったように思えた。

このムスターグ・アタは、ルートとともに標高への挑戦でもあった。七〇〇〇メートルを超える高さにあるバリエーションルート、ドラゴン・リッジをアルパインスタイルで登り切って西稜へと縦走し、山をまるごと楽しんだ。高度においても、クライミングの面でも、自分たちの登山を記録したいと初めて持っていったビデオカメラでの撮影に習熟するという点においても、シブリンに向けてのよい準備となった。納得のいくスタイルでの成功に、次なる目標であるシブリンがしっかり見えてきたと思った。

ムスターグ・アタ東稜を登る

ドラゴン・リッジは
シビアなクライミングが続いた
三角岩のガリーを登る

7500 m、頂上直下の
セラックを越える

再びカラコルム・ハイウェイを走ってイスラマバードへ。さらに、バスや列車を使ってインドへ向かう。国境はけっこうな距離を歩いて越えなければならないが、荷物は遠征隊にしては少なく、すべて自分たちで背負えるほど身軽だった。ずっと陸路で移動しているのは予算的な事情もあったが、それだけではなく、私とけいさんは旅が好きだった。このときにはもう私たちの心は次のシブリンへと向かっていたから、この陸路の長距離移動も苦にならず、楽しむことができたのだった。

ムスターグ・アタ山頂に立つ

シブリンに向かうインドの国境では、国境警備隊によるセレモニーが行なわれていた

ムスターグ・アタ登山

世界の山を滑る

幼少期から始めたスキーはたちまち上達して、私にとって山をより楽しむ手段になっていった。

そのひとつが、学生のときのチョー・オユー（八一八八メートル）山頂からのスキー滑降だ。長さ一メートルほどのショートスキーに登山靴をセットして滑った。固定力の悪い靴なのでぐらつく足元やさまざまな雪質の変化には、体重移動のバランスだけで乗り切った。

幼少期のスキー練習

しかし八〇〇〇メートル峰で酸素ボンベを使わずにスキーをするのはとても息苦しくてペースが上がらず、実際はパートナーの大石さんが歩いて下山するほうが速かったくらいだ。エクストリームなスキーをしたわけでもなく、自分にとって

チョー・オユー山頂からのスキー滑降

はちょっと広大なスキー場をゆっくり滑った程度にすぎなかったが、これがきっかけでエベレストをスキー滑降した三浦雄一郎さんに声をかけていただき、初めてお会いすることができた。

さらに、新疆ウイグル自治区にあるムスターグ・アタ（七五四六メートル）でも東稜のバリエーションルートをスキーを担いで登り、西側にスキー下降した。このときはあまりに気持ちのいい斜面だったのでルートから逸脱したことにも気づかず滑りつづけ、大トラバースをして正規のルートに戻るという大失敗をした。

どちらの遠征も、スキーをしないほうが体力的にも精神的にも楽だったことは間違いな

2008年山岳スキー世界選手権（スイス）にて

いが、その苦労があったからこそこうしてあのときのことを鮮明に覚えているのだ。いまとなっては上りも下りも欲張った、まれな山スキー遠征だった。

その後、山岳スキーのアジア選手権に参加させていただき、国別対抗の四人リレーで競う団体戦で優勝することもできた。その流れでヨーロッパでの世界選手権に出場するものの、トレイルランニングの世界王者でもあるキリアン・ジョルネが出場していたり世界とのレベルの差を痛感し、この競技へのモチベーションは低下していってしまった。しかしその後もクライミングの場所までのアプローチや下山など、移動する目的としてはいまも積極的に利用している。

また、スキーができたことで佐々木大輔氏の厳冬期の利尻山滑降やデナリ南西壁滑降の撮影にもつながり、並走しながらより臨場感のある映像を残すことができたのだった。

スキーは山の楽しみを倍増させるスパイスとなっている。

第3章 シブリンとカメット

2008年、インドヒマラヤ・カメット南東壁をバックに

限界に挑戦するときこそ、
パートナーとの強い絆と愛に支えられる。

2017年、シスパーレにて

「夢のファイル」

二〇〇二年のパキスタン北部山岳地帯の旅をきっかけに、登山雑誌に載っていたかっこいい山の写真や記事を切り抜いて透明のファイルに入れていき、それをことあるごとに見返すようになった。次の山へ向けての私なりのルーティンというか〈儀式〉のようなものだ。

そうしているうちに、かつては夢だったけれど、いまや手が届くかもしれない山がファイルから浮かび上がってくる。それは、自分がまた少し成長したと実感できる一瞬でもあるのだ。私はこれを「夢のファイル」と呼んでいた。

その「夢のファイル」から、シブリンが抜き取られたのは二〇〇五年のことだった。シブリンを選んだのには二つの理由がある。

ネパール、中国、パキスタン、インドに及ぶ広大なヒマラヤ山脈のうちインドにはまだ足を踏み入れたことがなかったので、次はインドの山に行ってみたいと思っていたのがひとつ。

もうひとつ、こちらのほうが大きな理由なのだが、だれも触れたことのないまっさらなルートを登りたい、しかも頂上にダイレクトにつながるようなきれいなラインならなおいい、という私のモチベーションをかなえてくれそうな山・ルートとして、シブリンの北壁が大きく目の前に現れたのである。

ファイルに収まっているシブリン北壁の写真を眺めているうちに、あるラインが見えてきた。一九八七年のチェコ隊のラインから途中で右上し、北西稜の上部へつなげて頂上へ。これはシブリンの未踏の新ルートになる。困難度はライラ・ピーク、ムスターグ・アタより格段にアップすると予想できたが、六〇〇〇メートル峰の壁の初登攀をやってみたいという気持ちを抑えることができなかった。やりがいのある挑戦になるだろう。

これまでにない不安を覚えながら二〇〇五年十月、ムスターグ・アタを終えてパキスタンから陸路インドに入った私と谷口けいさんは、北部にあるヒンドゥー教の巡礼地でもあるガンゴトリからトレッキングを始め、ガンジス川上流のヒンドゥー教の聖地ゴームクをめざした。ここは氷河の舌端にあり、サドゥー（ヒンドゥー教におけるヨガの実践者や修行者の総称）が氷河から解け出したばかりの氷水で身を浄（きよ）めていた。

ガンゴトリからキャラバンを始めて二日目、流れる雲のあいだから初めてシブリンがすがたを

シブリンのベースキャンプ予定地、タポヴァンに到着

現した。けいさんがぽつんと言う。

「やばいところに来てしまった」

見上げるシブリンは写真で見るよりもずっと尖っていたし、神々しかった。

シブリンの全景が見える丘の上の、標高四三〇〇メートルのタポヴァンにベースキャンプを設営する。インドでも、天候は私たちに味方してくれた。先にシブリンに入っていたチェコ＝ポーランド隊、シブリンの隣にあるメルー峰をめざした韓国隊も悪天ゆえに帰途についていたが、私たちが入山してから山はいい天気が続いていた。

ベイビー・シブリンと呼ばれる五五〇〇メートルのピークで高度順応し、ＢＣ近くの大きな岩でボルダリングを楽しむ。そんな時間

シブリン北壁 2005

北壁基部から見たシブリン北壁

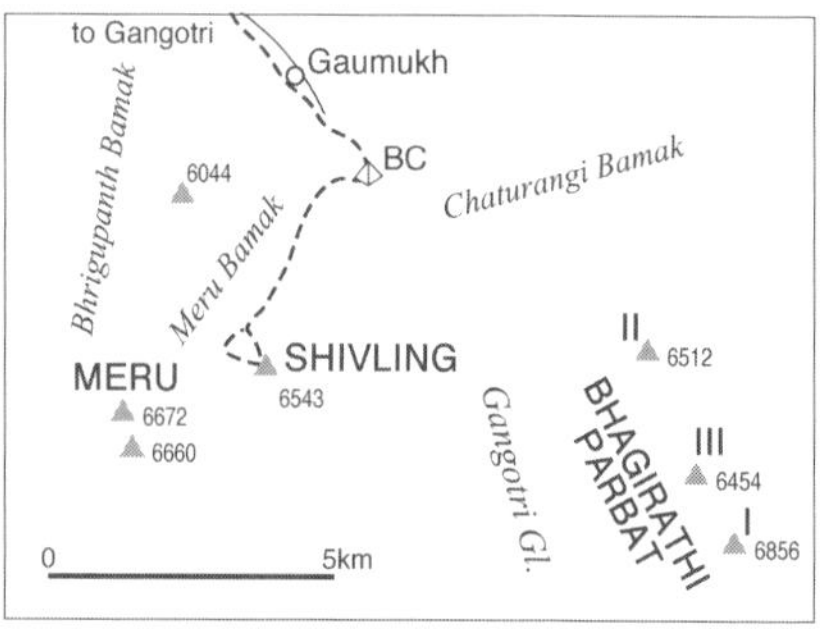

―登頂履歴―
1974年にインドのITBP隊がメルー氷河を経由して西稜から初登頂した。

を過ごしているうちに、風向きや雲の動きによってどう天候が変化するか読み取れるようになった。高度にも慣れたし、北壁についてもさらに多くの情報をつかめるようになり、シブリンは初めて見たときよりも威圧的ではなくなった。けいさんに言わせると「少しずつ山に近づき、山と仲よくなっていった」のだった。

「おまえにはシブリンは登れないよ」

いよいよアタックに向けて、ムスターグ・アタでの奮闘で多少〝疲れている〟ギア（登攀具）に再び魂を入れる。バイルのピックを研ぐ。一緒にがんばろうなと思いながら研ぐ。次はアイゼンの爪だ。カムやスリングのチェックもおろそかにできない。そのうえで二人で持っていくギアをあらためて厳選する。ポイントは軽量化だ。食料や燃料、個人装備のウエア類を減らすことで空腹や寒さは我慢するにしても、ギアは最低限以下には減らしたくない。ギアが足りないせいで前進できないとか、エスケープすらできなくなるのだけはごめんだった。シュラフとシュラフマットは省いてシュラフカバーだけ。食料は四泊五日分で、夜はアルファ米一食分を二人で一個、朝はビスケット四～五枚、行動食はスナックバー一個と飴一個とした。

シブリン北壁のクライミング２日目。硬くて急峻な氷雪壁が続く

十月八日、ＢＣを出発。天候は晴れ。風に乗って、ヒマラヤのハーブの匂いが漂ってくる。懐かしい匂い。まずは北壁直下の大きな岩の上にテントを張る。ここが私たちのＡＢＣ（アドバンスト・ベースキャンプ、四七五〇メートル）になる。午後、何度も何度もルートを見上げる。こうして山の懐に抱かれていると、壁と自分たちとの距離がさらに近くなってくる気がする。こういう時間が好きだ。「あしたに賭けたい」とけいさんに言った。

二日目の朝六時、夜明けとともに北壁に向かって出発。迷いや不安はない。最初のクレバスにぶつかったところでロープを出し、氷雪壁をダブルアックスで登っていく。けいさんは両手ともペツルの最新のクォーク、私は左手はシモンのナジャ、右手はミゾーの北辰だ。右の利き腕で北辰を力いっぱい打ち込んでもかすかにブルーアイスに刺さる程度。こんな硬い氷は初めてだ。アックスを打ち込むのに必要以上に力が入り、小指をよく氷に打ちつけた。

いよいよ最初の核心部に入る。岩の上に薄く乾いた雪が載っているだけなのでアックスは使えない。雪を払いのけながらホールドとスタンスを探す、微妙な、怖くてアドレナリンが出るクライミングが続いた。途中から雪が本降りになる。すると、そのあとすぐにチリ雪崩の襲来だ。

午後、三角雪田のじょうご状の下部にC1（五六五〇メートル）を設営。テントの三分の一は宙に浮いているが、ここにしか二人が横になって寝られるフラットな場所はないのだから我慢するしかない。テントに入り手袋を外すと傷ついた手先がむくんでいたが、気にはならなかった。命をすり減らすようなクライミングができていることに満足していたのだ。

三日目、日の当たらない北壁は徐々に私たちの余裕を奪っていった。岩と氷のじょうご部分の氷のラインを、弱点を縫うようにして登っていく。上部三角雪田に入っても氷雪壁が続いた。期待していたほど傾斜は緩くならず、氷の上に不安定な雪が載っているという状態も変わらず、安定したテントを張れるような場所は望めなかった。

三角雪田上部の岩と氷の斜面で、ポールを抜いて吊り下げるようにしたテントでC2（六〇七〇メートル）の夜を迎えた。寒さのあまり二時間おきくらいにガスをつけるが、ガスがもったいないのでほんのわずかなひと時温まっただけで、意を決してまた火を消す。ハーネスにぶら下がってい

2日目の記録
北壁への挑戦が
いよいよ開始された

劣悪なビバークで精神的にも追い詰められていった

るので体が「く」の字になり、痛い。足の指先もどうしようもなく冷たくて痛い。喉も渇きすぎて痛かった。

　四日目、雪壁、氷、岩が続く北壁上部が最大の核心部だった。トップを行くけいさんが花崗岩の岩にアイゼンの爪をガリガリと擦り、火花を散らしている。その核心部を越えると、念願の太陽の光が待っていた。北西稜の一角に出たのだ。そこは、久しぶりに手の支えなしに立てる雪の斜面だった。太陽の光が暖かくてうれしい。残り少ない燃料で保温水筒のぬるま湯を温め、カラカラの喉を潤した。

　このときのことをけいさんはこう記している。

〈天気はどうなるのだろうか。私たちはサミットできるのか。それとも下降すらできないのだろうか。いまは北壁の自分たちのルートを登り切ったことが何よりもうれしい。相当疲れたし時間もかかったけど、新しいチャレンジを全うしたんだと思うとうれしくてたまらない。やっぱり、

3日目の記録
氷雪壁と格闘

やればできる〉（前出『太陽のかけら』より）

北壁の未踏のラインから北西稜へ抜けたとき、私も同じことを思っていた。そこは頂上ではないのに、まるで登頂したかのような喜びがあった。疲れ切っていたので会話は少なかったものの、私たちは同じ充実感に包まれていた。北壁の登攀が完結したので、ルートへのこだわりから山頂へのこだわりへと気持ちが変化したときでもあった。

北壁を抜けて北西稜に出た。太陽と久しぶりに再会する

頂上に向けて歩を進めると、また硬い氷雪壁、そしてクレバスが待ち構えていた。覚悟を決めて向こう側へジャンプ。北西稜に出ても、ロープを外せる状況ではなかった。二人とも疲れ切っていたし、あと標高差三〇〇メートル余りとはいえ、この雪と氷の状態では頂上までけっこう時間がかかりそうだ。氷を削ってC3（六二〇〇メートル）のテントサイトを作り上げたころには雪が降りはじめた。やはり三分の一は宙に浮いてい

登攀開始５日目にしてシブリン山頂に立つ

るテントにもぐり込んで手足を温めているあいだにも、外では雪がしんしんと積もっていく。天気は確実に下り坂。どこかで「ドンッ！」「ゴーゴー！」と雪崩の音がしている。あしたの天気はどうなのだろうか。私たちは登頂できるのだろうか。それとも下降すらできないのだろうか。不安が膨れ上がっていった。

五日目、頂上へ向かって出発。どこもかしこもクレバス地帯だ。その先は斜度六〇度の氷雪壁をダブルアックスで右上していく。ひたすら氷雪壁である。「ミスしないよう確実にいこう」と何度も声をかけ合う。

正午、尖ったシブリンの頂上に到達した。

「北壁を登り切った時点で、頂上なんてべつにいいと思ったけれど、来てよかった」とけいさんが独り言のように言う。そして、日本出発前に周囲の人から「おまえにはシブリンは登れないよ」と何度も言われたと、私が向けたビデオカメラの前で初めて打ち明けた。まわりの尖っている山々を見渡しながら涙していた。

４日目の記録
北壁の核心部
に果敢に挑む

５日目の記録
私たちのライン
（ルート）が完結

すっからかんの下山

頂上が最終のゴールだったらどんなにいいだろう。でも、私たちはこの尖った頂上から無事に下山しなければならない。一人をロープで確保しながら下降させると、もう一方はダブルアックスでのクライミングダウンとなる。Ｃ３に戻ったのは午後三時だった。まだ行動できる時間だが、ここからは北西稜の下降のいちばんの核心部であるセラック帯をダイレクトに懸垂下降しなければならない。危険なセラック帯は雪の締まった朝イチに抜けたいので、ベースキャンプへの下降は翌日にした。夜は寒くてがたがた震えながらうとうと眠ってはときどき起き上がり、互いの足をこすって温めあう。あしたは絶対に生きてＢＣに戻るのだと、それぱかり考えながら寒さに耐えた。

六日目、極寒の夜を過ごして迎えた朝、保温水筒のぬるま湯を沸かしていると最後のガスの火が消えた。最後のスープを二人で分け合って飲み、最後のスナックバーを半分ずつ食べる。最後の電池もなくなり、かけていた音楽が止まった。

シブリン北壁 2005

北壁の基部をさらに進み、北西稜を偵察した

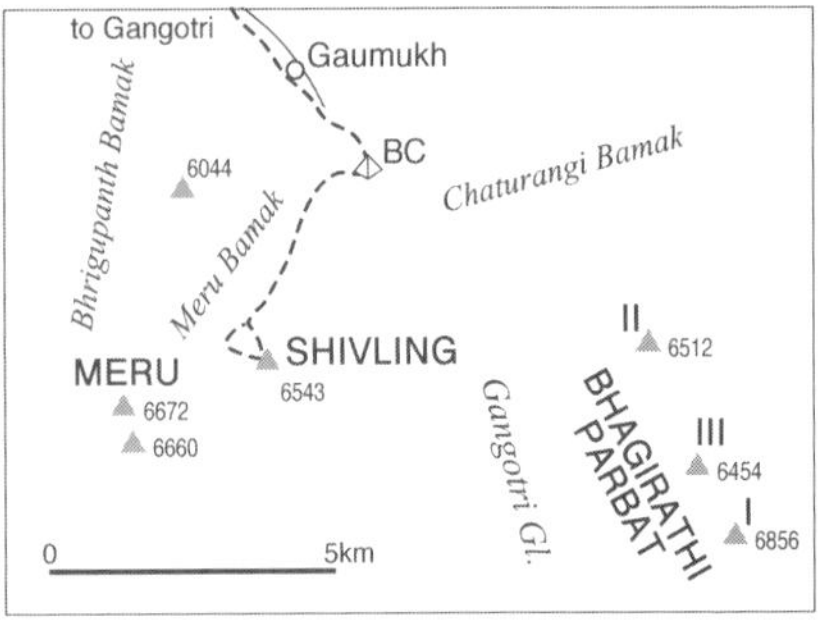

すべてすっからかんの、つらく長い下山の始まりだ。

何度も立ち止まりながらも歩きつづけた。クレバスを越えてセラック帯を通過。北西稜の雪と岩のリッジをのろのろと下降していると雪が降りはじめた。雪の中に座り込んでは、また無心で歩く。喉が干からびて痛い。胃は空っぽできゅーっと締めつけられる。足が重い。足腰に力が入らなくなり、何度もよろけ、転んだ。それでも足を出していく。一歩でも下界に近づいていくために。

暗くなる寸前に、ようやくベースキャンプにたどり着いた。体はぼろぼろだった。ずっとキッチンテントで待っていてくれたコックのティラートが、驚きと歓喜の大声を発して私たちを迎えてくれた。私たちは深く安堵した。

「私が立ち上がらないと平出君も歩き出さないから、力を振り絞って歩いたよ」

けいさんがきょう一日を振り返ってそう言った。

雪の中、ヨレヨレの下山

６日目の記録
寒くつらい下山

ＢＣに戻ると、凍り切った体がじわじわと解けはじめた。きょうもヒマラヤの太陽を浴びて、シブリンが神々しく輝いている。〈私たちの山〉。いまなら、そう呼べる。シブリンが私たちを受け入れてくれたことへの感謝と、安全な場所に帰ってこられたことへの喜びでいっぱいだった。

しかし、シブリンはこれにて完結とはならなかった。ベースキャンプに到着した翌日、私の手足の指に異変が生じたのだ。明らかに重度の凍傷だった。Ｃ３ではちょっと変かなと思う程度だったが、その後、悪化してしまったようだ。とりわけ足指の凍傷は深刻で、ポーターに背負われて一人で先に下山する事態になった。デリーで応急手当て後、帰国の途に。成田空港から、凍傷治療の権威である金田正樹先生がいる白鬚橋病院に直行、即入院となった。

凍傷がもたらしたもの

困難な登山を続けていくには、目標が定まったらそれにどう対応するかさまざまな角度からイメージを膨らませ、実際に挑戦した結果、そのイメージとどのくらい相違があったかをその都度確認する、答え合わせの作業が大切である。その作業を繰り返すことで登山の精度が上がり、リスクを軽減できるようになる。だから登山は体力だけでは解決できない活動なのだ。

そういう意味合いでシブリンでの凍傷を振り返ってみよう。

必要な装備やギアを厳密にイメージして選択したが、結果的に一度も使用しなかったギアが少なからずあった一方、途中で燃料と食料が尽きてしまった。ガス欠のため最後の二日間は十分な水分を摂取することができなかった。脱水症になれば血流が悪くなり、凍傷にかかりやすい。空腹なら体温が上がらないからなおさらだ。食料はなくなっても空腹など我慢すればいいという感覚が当時の私にはあり、それよりも未知なる山、未知なるルートへの挑戦の不安から、ギアを多く持っていこうという考えを優先してしまったのだった。少なすぎた食料と燃料、多すぎたギア。経験の浅さからその裁量を間違えた結果の凍傷だった。残念ながら、これがそのときの私たちの実力だったというしかない。

シブリンに持っていった装備と食料、食料が圧倒的に少ない

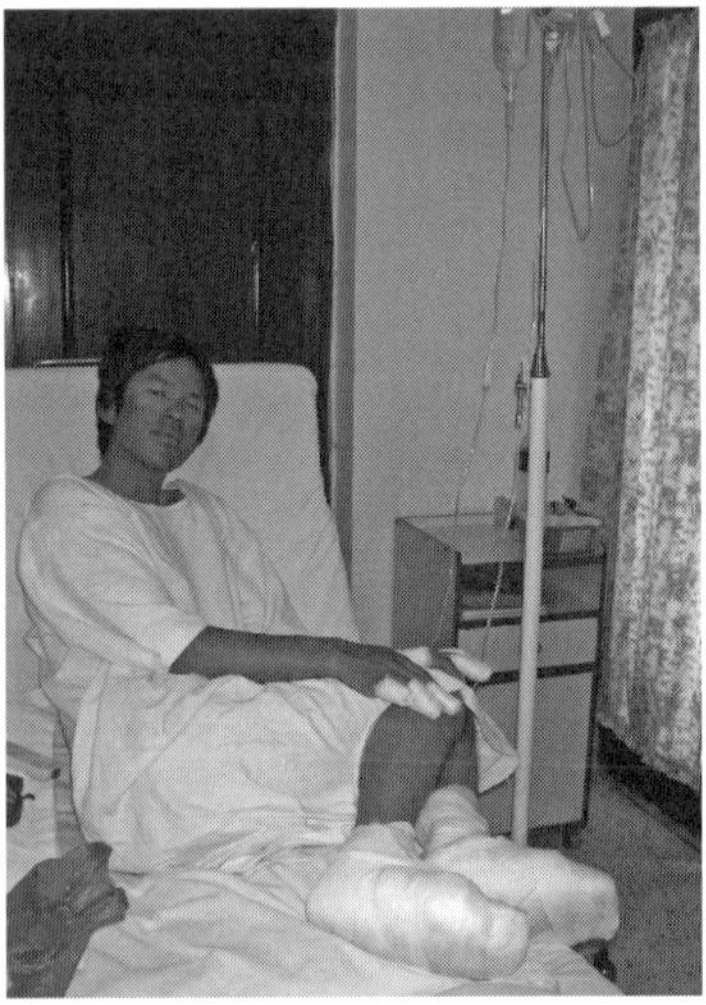

デリーでの入院

さらにいえば、毎晩のテントのスペースが二人で座布団一枚か二枚分くらいしかないという、これまで経験したことがないような劣悪な環境がもたらすストレスへの耐性も備わっていなかったことに加え、引き返すべきポイントはあったのに頂上へと限界を超えてしまったのは、「できる自分」がうれしくてたまらず、過信、思い上がりからリスク管理ができなかったせいでもある。

一カ月の入院の末、右足指四本の第一関節から先を切断した。凍傷で指切断とは登山家にとっては、ある意味で致命的な傷害である。昔は「勲章」として扱われていたようなところもあったが、装備がより良くなったいまの時代となっては「恥ずかしいこと」でしかない。

ただ、登山というものは、ある失敗の経験が次の登山を安全なものに転化してくれることがあるから、足指四本の損傷と引き換えに得たものが私なりにあったといってもいいかもしれない。

痛い経験は若いときにはたくさんしたほうがいい。二五歳で未熟だったゆえの失敗から多くを学んだからこそ、いまの私があると思いたい。

さらに、この出来事は自分の命のことをしっかり考えるきっかけにもなった。それまでがあまりにもうまくいきすぎて、天狗になっていたところもあったが、登山は中途半端に取りかかれば死んでしまう行為であることを痛感した。山はだれに対しても平等であるということ。技術や経験が足りない人に対してはそれなりのしっぺ返しをする。傷が癒えるにつれて、「この失敗を失敗で終わらせないために次に生かそう」と考えることができるようになっていった。そのひとつとして、凍傷を負った人の参考になればと「凍傷タイムテーブル」なるものを作った。受傷してから手術を経て回復するまでの指の様子を記録したものである。

次なる挑戦、カメット

シブリンでの凍傷で足指の一部を失い、このままだといつかは山で死んでしまうという危機感を抱いた私は、登山家としても人間としてももっと大きくならなければと、二〇〇七年から活動の場をヨーロッパにも広げ、現地でのクライミングを経験した。登山発祥の地で多くの登山家に

シブリン登山
（総集編）

出会い、それまでの自分が知らない世界を知ることができた。

そうしているうちにも、シブリンでの失敗の経験を生かす機会を探っていた。そこで見つけたのが、同じインドにあるカメット（七七五六メートル）だった。

きっかけは『The American Alpine Journal』（ＡＡＪ）というアメリカ登山協会発行の年報に載っていた登山報告だった。ＡＡＪは二〇〇五年の私たちのシブリンの登山を海外で最初に取り上げてくれた登山誌で、その記録が掲載された号には同じ二〇〇五年にノーマルルートからカメットに挑戦したアメリカ隊の登山家の報告があり、その記事中の一枚の写真が目にとまった。写真説明に「Unclimbed Face of Kamet」とある。さらに、次のような一文を見つけた。

〈1,800m-high unclimbed southeast face of Kamet〉

高さ一八〇〇メートルに及ぶ未踏のカメット南東壁！　この記述に私の心はざわめいた。シブリンから約三年。次の目標として七〇〇〇メートル級の山でアルパインスタイルのクライミングができる未踏のルートを探していた私にとって、カメットはまさに新たな挑戦の舞台になると思えたのだった。

二〇〇七年夏、私はインドのデリーにあるインド登山財団（ＩＭＦ）の図書館にいた。登頂チャンスがいちばん高い時期を探るため、山ほどある蔵書の中から過去のカメットを含め周辺で行なわれた登山の登頂日などの情報を拾い上げた。

インド、ガルワール・ヒマラヤの高峰カメットの初登頂は一九三一年、フランク・スマイス、エリック・シプトンらによって達成された。東カメット氷河からのアプローチを経てミーズ・コルを経由し、北面から頂上へ至るルートだった。エベレストの初登頂がなされる二十二年前のことで、当時としては人間が頂上に到達した最も高い山だった。その後、さまざまなルートから挑戦が行なわれたが、南東壁は未踏だった。

こうしてまた、やりがいのある課題を見つけ出せたことに心が躍った。パートナーは今回もけいさんだ。これまでに増して挑戦的な登山が始まろうとしていた。

偵察に念を入れる

二〇〇八年九月、私たちは三年ぶりのインドに向かった。二度目のインド登山ということで要領を得ていた。宿泊代を安くするためにインド登山財団のドミトリーに泊まり、車でジョシマートという町へ。しかし、ここから先の入域が許可されず、思いがけない足止めを食らう。翌日、

カメット南東壁 2008

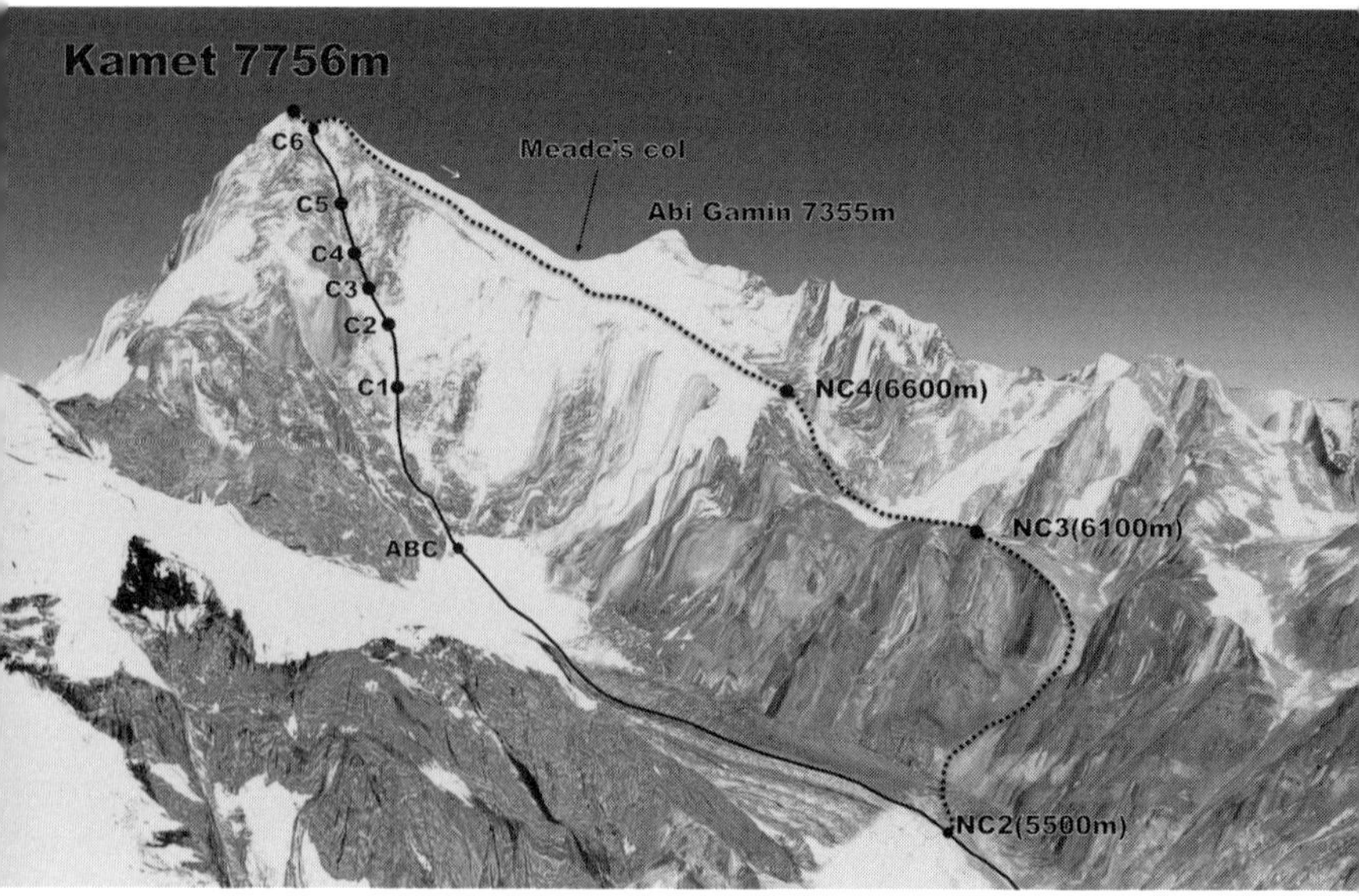

点線が初登ルートで、私たちは下降路に使った（Map data ©2023 Google）

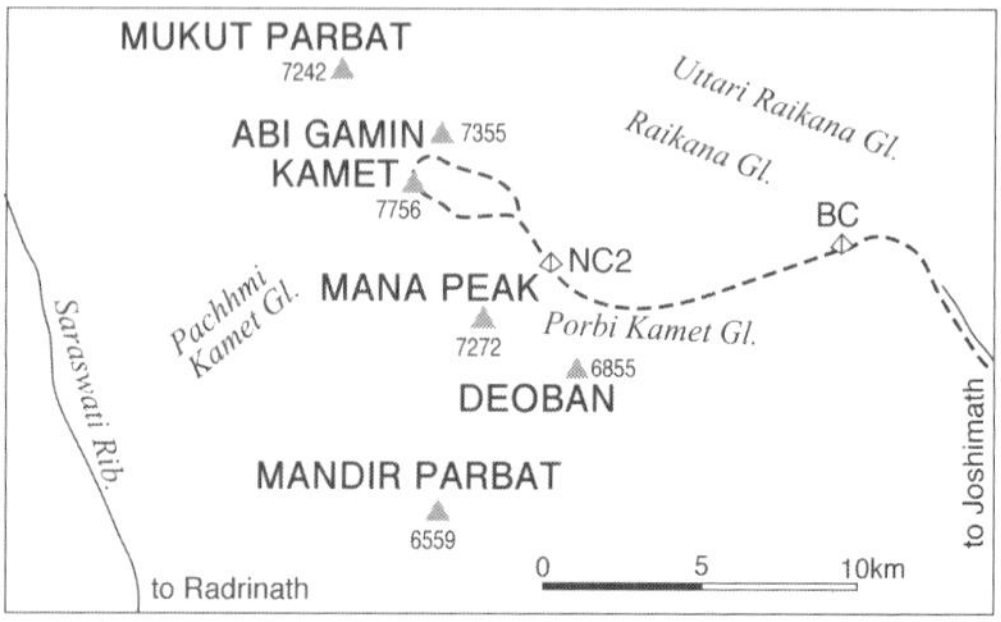

―登頂履歴―

1931年にイギリス隊（F. S. スマイス隊長）が東カメット氷河からミーズ・コルを経て初登頂した。

また同じ役所に出向いて粘り強く交渉し、やっと許可が下りた。最奥のニティ村で準備を整えたあと、二日をかけて標高四八〇〇メートルのベースキャンプに到着。

九月四日、二泊三日分の食料を持ち、一回目の偵察に出る。ノーマルルートである東カメット氷河の右岸を七時間歩いて、五〇〇〇メートルにＮ（ノーマルルート）Ｃ１。ここからはまだ壁は見えない。翌日、帰路のことを考えてケルンを積みながらさらに進む。ケルンは最低三個の石を積み上げ、いちばん上の石は次のケルンへの方向を示す矢印になっている。これまでの経験から生まれたアイデアだ。五五〇〇メートルのＮＣ２は南東壁を正面に見ることのできる特等席だった。

NC2 テントは南東壁が正面に見える特等席だった

日本で入手したカメット南東壁の写真から、ダイレクトに行くと頂上直下にセラックらしきものがあることを確認しており、それを回避するためなるべく迂回していこうと考えていたが、実際は頂上直下にセラックはなく、逆に迂回ルートのほうが上部にセラックがあり、リスクが高いと判断できた。双眼鏡で壁を偵察している私に、けいさんは「行けそうだね、ダイレクトに行こう」と言った。私も異論はなかった。これまで多くの写真を見てきたものの、実際の壁を見るまでは、ほんとうに登れるのか心のどこかで半信半疑な気持ちがあった。困難なクライミングになることは容易に想像ができたが、まずはルートを見出せたことで安心し、あらためて気を引き締めた。情報が溢れる時代だが、自らの目で確かめ、判断することが重要だとあらためて思った。そうやって見つけたものほど、冒険的な価値があるのだとも。

九月中旬の二回目の偵察は、登頂後の下降ルートとなるノーマルルートのミーズ・コル七〇五〇メートルまで上がる予定だ。登頂後、下降ルートで右往左往して窮地に陥るのはごめんだった。前回の偵察で残しておいたＮＣ２のテントから東カメット氷河の左岸を登る。過去の登山隊の残置したフィックスロープを頼りに高度を上げていくが、岩がボロボロと落ちる不安定な場所では何箇所もロープが切断されていた。予定したＮＣ３の場所からは、ノーマルルートの核心部でもある大きなロックバンドが見えている。翌日、そこを越えると南東壁がすぐ目の前にあり、壁の様子を真横から偵察できた。この六六〇〇メートルにＮＣ４。

次の日はテントなどを残して荷物を軽くし、ミーズ・コルまでの偵察と高度順応に出かける。

1回目の偵察で北東壁にラインを探る

上部は広い雪のプラトーなのでペナントを刺しながらミーズ・コルへ。「ここまで降りてくればあとは安心だね」とけいさんが弾んだ声で言った。はたして私たちは山頂を越え、無事にこの場所に降りてこられるだろうか。不安はあるものの、こうして下降ルートの八割ほどを歩き、残りの二割も目の前でルートを確認することができたので、これで南東壁のクライミングに集中することができそうだと思えてきた。

ＮＣ４には二泊し、南東壁の様子を三日間にわたって観察。登攀中に苦労するであろう大きな核心部分は三つと確認し、これによって壁の中でのビバークは最低三回になるだろうと予測して登攀計画を詰めた。また、ここＮＣ４には山頂を越えてふらふらになりながら到着することが想像できたので、ラーメンなどの食料と燃料を目印のペナントを刺して雪の中に埋め非常事態に備えることにした。

ベースキャンプに戻ったあと、事態が急変する。降雪が始まったのだ。二日間で四〇センチは積もっただろうか。私はあまりの大雪に心が折れかかったが、けいさんは「壁を見てから、行くかやめるか決めればいいじゃん」と、どっしり構えている。

この予定外の停滞中に、ギアや食料の取捨選択をあらためて話し合った。頂上に向けて持って

ミーズ・コルまで偵察。これでふらふらになって下山してきても大丈夫だ

装備を厳選する

いく食料は四日分＋予備行動食三日分とし、摂取カロリーと栄養バランス、重量を計算した。小柄な二人がなんとか入れるシュラフと半分に切ったマット、それに燃料の量も吟味した。持っていくギアも二人で納得するまで議論した。

シブリンの失敗をいまこそ生かすときがきた――。

雪と氷の壁に一週間

天候待ちで九日間もベースキャンプに停滞した翌日、快晴がやってきた。長すぎた〝休息〟もやっと終わる。青い空を見ると、前日まで悶々としていた気分が吹っ飛んだ。

九月二十六日、いよいよ南東壁登攀へと出発。多くのギアをすでにＮＣ２にデポしてあるので、快調にラッセルしながら進む。ところが、ＮＣ１を過ぎＮＣ２近くに来ても、高さ一〇五センチのテントが見当たらない。見つけられなければ装備を失うことになるので登山は中止になってしまう。必死に探して頭まで雪に埋もれていたテントを見つけることができたが、デポしておいた食料の一部は動物に食べられてしまっていた。

二十八日、三日間の長いアプローチの末に、標高五九〇〇メートル地点にＡＢＣ。ここまで来るとルート全体を見ることはできず、迷路の入り口にいるような感覚だった。こうなればあとは、自分たちが選択した方法が登攀の成功と生きて帰る最善の道だと信じて進むだけだ。

一日目（二十九日）ABC↓C1（六六〇〇メートル）

きょうはすっきりした氷雪壁を登る予定で、高度を稼げそうだ。「がんばって行ってきます」。けいさんの言葉にうながされるように手を合わせてABCを一歩出たら、不安はいつの間にか心地よい緊張感に変わっていった。

ABCまでは二足歩行ができたがその先からは傾斜が変わり、アイスバイルを両手に持ち、アイゼンを装着する。シブリンのときは左右違うブランドのバイルで登ったが、今回はシモンのアナコンダカップライトを左右に持っていた。お気に入りのこのバイルは、フランスのシャモニの近くにあるシモン本社工場に行ったときに私仕様に改良してもらったものだ。

いつものようにけいさんとロープを結び合う。カメラに映る私たちの顔は登山後のように日焼けしていた。偵察と天気待ちで、すでにこの地での滞在は一カ月を超えていたのだった。ザックの重さはそれぞれ一〇キロ程度。もしどちらかがザックを落としてもリカバリーできるように、それぞれの装備を均等に分けた。ただ、先に食べる食料をけいさんのザックに配分し、早いうち

カメット南東壁 2008

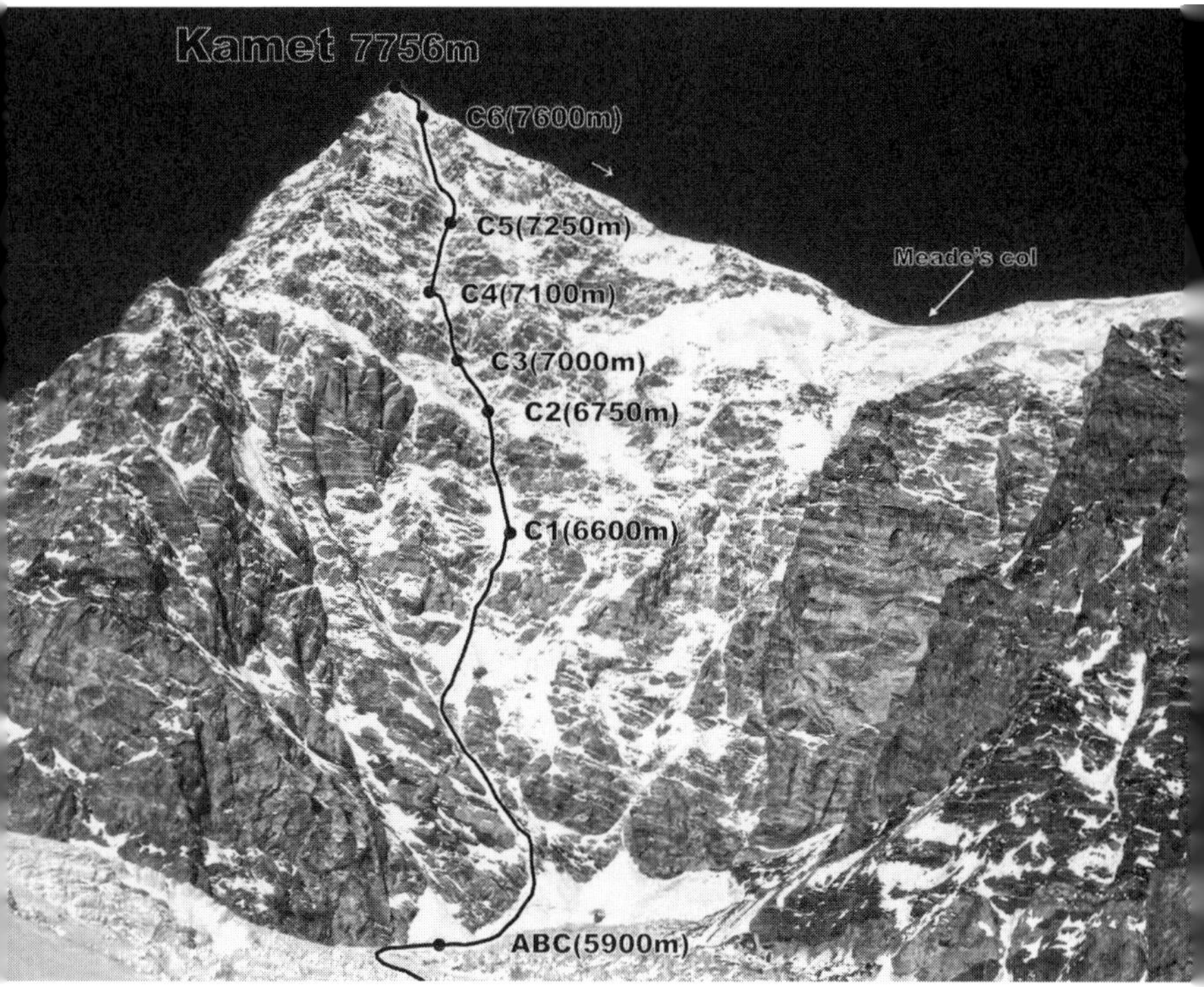

ノーマルルートの NC2 から見たカメット南東壁

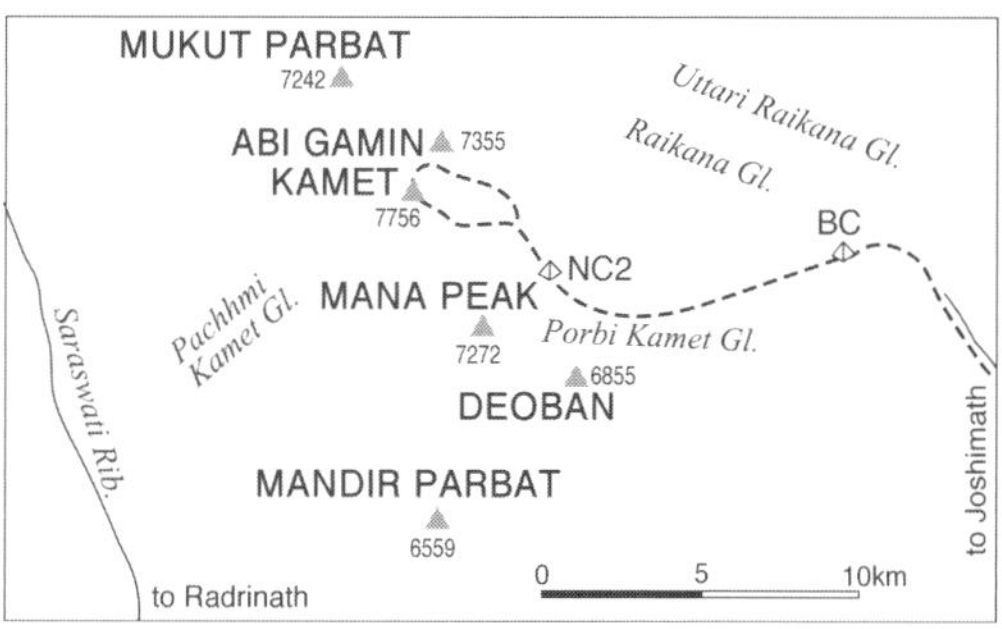

カメット南東壁１日目。私たちのラインの始まりでもある

に軽くしてけいさんの負担を減らすようにした。

クレバスを越えて雪と氷と岩の左上クーロワール（急峻な凹状の岩溝）へ向かう。これが山頂まで続くラインの入り口だ。いよいよ真っ白な紙にペンで私たちのラインを描いていくのだ。右に行くのも左に行くのも自分たち次第、新たなステージでの冒険の始まりである。

四時間で五〇〇メートルほど高度を稼いだ。悪くないスピードだ。空はいつの間にかピンク色に染まり、日没が近づいていた。初日としては上出来で、すでに偵察で数日滞在したノーマルルートのＮＣ４（六六〇〇メートル）と同じ高度になっていた。もちろん平らなキャンプ地など望むべくもなく、急いでバイル一本で真っ暗になるまで一時間以上雪の壁を削って平地を作る。

テントのトップを岩に引っ掛けてのハンモックのような寝床となった。宙ぶらりん状態なので、岩にセットしたロープをテントの中まで張り、ハーネスに結んで落下を防ぐ。そんな過酷な状況とは裏腹に、頭上には満天の星空が広がっていた。

二日目　C1→C2（六七五〇メートル）

初日の疲労から、テントに朝日が当たるのを待って暖まってからようやく起き出した。

2日目、チリ雪崩の中を登る

きょうは第一の核心をクリアする日。ザックを背負ってクライミングするにはすでに苦しい標高になっていたが、アイススクリューでのプロテクション（墜落を止めるための支点）がしっかり効くのと、風もなく穏やかな天気が四肢の動きを滑らかにしてくれる。

何ピッチ登っただろうか。いつの間にか午後になり、チリ雪崩が始まった。そのフォールライン（崩落の直撃を受ける位置、場所）を通過

1日目の記録
南東壁への挑戦が開始された

するしかないのでそのまま突入したが、チリ雪崩の風圧が強いので真上を見てルートを確認することもできず、風圧に負けないようにと必死に目の前の氷にバイルを打ち込んでいく。腕力の消耗が激しいが、耐えるしかない。そのまま四〇メートルほど登ってチリ雪崩の嵐から抜け出たときは全身雪だらけ、冷えた体はすぐには回復しなかった。ただ救いは第一の核心を抜けたことと、目の前の雪を削ってC2のテントを張れそうなことだった。一日で高低差一五〇メートルしかルートを延ばせなかったが、それでも焦りはなかった。

2日目の記録
第1の核心部
に挑む

三日目　C2→C3（七〇〇〇メートル）

きょうも晴天のなかを出発。頭上には第二の核心の氷と岩が容赦なく立ちはだかっている。のっぺりした氷より、両足を開いて突っ張るステミングで登れそうな狭いルンゼ（急峻な岩溝）を選んで左上していくとスラブ（凹凸の少ない滑らかな一枚岩の広がり）に突き当たってしまい、それ以上は進めそうになかった。二〇メートルほど下に登れる可能性のある氷のルンゼが右上しているのを見知っていた私は、けいさんにはその場にいてもらい、クラックにアングルハーケンを一枚打ってそこまで懸垂下降した。

右上するルンゼからルートが延ばせそうで安心したが、問題は薄暗くなってきているので早くテント場を見つけなければならないことだった。ヘッドランプであたりを探って見当をつけた場所にトラバース気味にロープを延ばしながら進み、目の前のクラックにかすかに残っている氷にアイススクリューを打ち込んでセルフビレイを取り、足場を削ってスペースを広げようとしたそのとき、「ドン！」と大きな音とともに足をすくわれて体が浮いた。足場にしていた雪の塊が崩落したのだ。目の前のアイススクリューが抜けないかと肝を冷やし、落ちた雪の塊がけいさんに当たったのではないかと心配したが、幸い二人とも事なきを得た。暗さや疲労は理由にならない、やってはいけないミスだった。

３日目、標高 7000 m 近くになると、眼下には登ってきた氷河が延々と続いて見えた

支点を追加して態勢を立て直し、けいさんを迎え入れていま起きたことを話したが、いつもと違って彼女の反応は鈍かった。また、なぜか私のところまで登ってくるたびに「ごめんね」と繰り返すようになった。標高は七〇〇〇メートルほどになり、疲労が限界を超えてしまったのかもしれない。けいさんがのちに記したものによれば、こ

4日目、天気は安定しているが、日焼けが痛い

の日は〈息も絶え絶え。こんなので登る意味があるのだろうか〉と考えていたという。私は、まだ壁の序盤でけいさんがここまで追い詰められていたとは思いもしなかった。

頭上に氷のルンゼがあるがヘッドランプで照らしても先がよく見えず、あしたにいくらかの不安を覚えながらテントに体を収めた。

四日目　C3→C4（七一〇〇メートル）

三泊四日で壁を抜ける予定で食料を準備してきたが、すでに四日目。きのうから、少ない一食分をさらに半分にして食い延ばすことにした。慢性的な空腹状態になっていた。

一ピッチ目は私がリード。標高も七〇〇〇メートルを超え、ザックを背負ってのリードはさすがにしんどくなり、ザックを荷上げするスタイルに切り替えた。ただ、撮影のスキルは上がり、急峻なクライミング中でも撮影をやめることはなかった。登るペースが少し遅れ気味だったのは

3日目の記録
第2の核心部
に挑むが…

５日目、バナナ・クーロワールの入り口

問題だが、悲壮感はまったくなく、どちらかというとこの極限の時間をもう少し長く楽しみたいとさえ思っていた。

二日間かかって第二の核心を抜けると雪壁になり、その先には第三の核心が見えた。七一〇〇メートルにＣ４。

五日目　Ｃ４→Ｃ５（七二五〇メートル）

この日の朝は二人とも顔がむくみ、日焼けで皮膚がボロボロになっていた。第三の核心は岩と氷のミックスにラインを見つけて登っていく。またしてもチリ雪崩の襲撃を受けながらも第三の核心を抜け、とうとう頂上への最後の抜け道、バナナ・クーロワールの入り口に到達した。

４日目の記録
第２の核心部
を抜ける

7日目、やっと苦労が報われる日だ

バナナ・クーロワールの屈曲部分の七二五〇メートルにC5。山頂まであと標高差約五〇〇メートル。ひょっとしたらあした山頂に立てるかもしれないと、淡い期待を抱いて眠りにつく。

六日目　C5→C6（七六〇〇メートル）

バナナ・クーロワールの雪壁をひたすら登った。公園にある滑り台を登っているような感じで、登っても登っても景色が変わらず、そのうち私は眠くなってきた。登りながらうとうとしていることもあり、顔を叩いたりして登っていた。もう疲労の限界はとうに超えていた。こんなところでミスをして死にたくはなかった。

ほぼ一日がかりでバナナ・クーロワールを登り、もうすぐ頂上稜線に出るというとき、まさかのスリップをした。気づいたときにはすでに急な雪面を滑り出していた。止められなければ、これまで登ってきた南東壁をけいさんを巻き込んで一〇〇〇メートル以上落下していく……。バイ

5日目の記録
第3の核心部
に挑む

ルを力いっぱい雪面に打ち込み、もがいているうちにスピードが落ち、間一髪止まった。あらためてバイルとアイゼンを強く雪に打ち込み、ヘルメットを雪面に押し付けて体勢を低くし深呼吸する。心臓がバクバクしていた。

こうやって人は山で死ぬのか……。生と死なんてほんの少しの差でしかないのだ……。それを如実に実感した一瞬だった。頂上稜線近くになり風で雪面がアイスバーン化していたが、それに気づかずアイゼンの爪を強く蹴り込まなかった私のケアレスミスだった。けいさんには私のスリップは見えていなかったはずだが、いきなり手元のロープが緩んだので焦ったはずだ。

集中力が途切れてしまったし、山頂付近は雪煙が巻いていたので、クーロワールの出口の頂上雪稜近くのクレバスの中にテントを張った。氷を少し削っただけで久しぶりに平らなテント地で足を伸ばして寝ることができた。

「SAMURAI　DIRECT」

七日目（十月五日）C6→頂上（七七五六メートル）→ノーマルルートNC4（六六〇〇メートル）

この日の登頂の模様は本書の冒頭に書いた。

6日目の記録
クーロワール
で眠気と格闘

７日目、カメット山頂にて。私たちのラインが完結した瞬間でもあった

そこで、大石明弘さんがていねいな取材で著した谷口けいさんの評伝『太陽のかけら』（前出）から、同じ日のカメット頂上の情景を引用させていただこう。

〈山頂に着いたとき、けいが平出に発した言葉は「平出君おめでとう！　本当にすごいよ」だった。平出は、冗談で「いや、俺ってやっぱすごいなって思ったよ」と言って笑った。けいも、「毎日そう言ってたよねー。すごい！　すごい！すごい！」と言って笑った。

眼下には、インド・ヒマラヤの峻峰群が彼方まで連なっていた。ベースキャンプで大雪に降り込められていたときには想像もできなかった壮観な景色だった。二人はゴールデン・ピーク、シブリンと経験を積み重ね、とうとう七〇〇〇メートル峰の未踏壁に真っすぐなラインを引いてしまった。だが、どこまでも連なる急峻な山々を見ていると、ここが「最終到達点」だとはとても思えなかった。

「What's Next?」（「次はどこ？」）

平出は笑顔でけいに聞いた。

「What's Next?」

けいも平出に聞き返していた。〉

　下山するノーマルルートのミーズ・コルがすぐそこに見えた。本番前に偵察していたので、下降に関してのストレスはほとんどなかった。だが、疲れ切った体なのでミスのないよう確実に下山しようと、あらためて互いに気を引き締めあう。

　けいさんが先にクライミングダウンしていく。雪面がクラスト（雪の表面が風や日射などの影響で硬くなった状態）していて中がすかすかの〝もなか〟状なので足に余計に負担がかかり、二人ともよく座り込んだ。けいさんは私以上に疲れていて、なかなか立ち上がらない。けいさんはかなり抵抗したが、私は途中から二人分の荷物を担いだ。ここから先も、ベースキャンプまで生

7日目、NC4で登ったばかりの南東壁をバックに

きて帰るための最善の方法を選択するだけだ。

　カメットに太陽が隠れて寒い夕方、NC4にたどり着いた。燃料と食料を雪の中にデポしておいた場所だ。スープを多めにして辛口のラーメンを食べたが、すぐに気持ち悪くなった。この一週間、少量の食事で胃が小さくなったのと刺激に弱くなったからだろう。

　目の前には登った南東壁のラインが正面に見え、私たちのトレースを探してみた。きのうまではあそこにいたのに、すでに遠い昔のことのような感じだった。そしていまの疲れ切っている二人からすると、自分たちのどこにあんなエネルギーがあったのか、不思議な気持ちだった。頭上には小さな虹が見えていた。

八日目　NC4↓ベースキャンプ

　起きるとすでに太陽は高かった。どっと疲れが出て、二人ともなかなか起き上がることができなかった。それでもNC4からNC2まで一気に下っていく。NC2に残っていたすべての荷物

7日目の記録
ダイレクトルート
が完結した

を回収したのでザックはさらに重くなった。空腹だが食料はもうない。偵察のときに見つけていた、氷河の真ん中に前年のインド隊が残していったレトルトカレーを当てにするしかなかった。すでに夕方で陽光が斜めに差し込むなか、やっと見つけた冷えたレトルトカレーを二人で食べて一息つく。すべてを出し切って疲労の限界に近づいていた私たちには、ここでまたテントを広げる気力は残っていなかった。ベースキャンプまではもう少しのはず。無理をすれば夜のうちに帰れるかもしれないと、気持ちを奮い立たせて歩を進める。

やがて、意識が朦朧となって闇の海をさまよった。あまりの暗さに、目を閉じているので暗いのかと思ったほどだった。寝ているのか起きているのか？　この道でいいのか？　夢と現実を行ったり来たりしている。夢の中のほうがすべての苦痛から逃れられてよっぽど楽なので目を閉じようとすると、その誘惑に負けまいと気力を奮い立たせるもう一人の自分がいた。

途中、道を外れてしまい、帰るべき方向がわからなくなってしまった。しばらく右往左往したあと、岩陰に座り込んでじっと空が白んでくるのを待った。ようやく行動できる明るさになって驚いた。ベースキャンプがすぐそこの場所まで来ていたのだ。

やっとベースキャンプに帰着した。長い一日だった。すべてを出し切り疲労困憊だったが、生きて帰ってこられただけでもよかった。在京の留守本部の寺沢玲子さんに無事ベースキャンプまで下山した旨の連絡をしたら、同じヒマラヤのクーラ・カンリでの雪崩事故で知り合いの中村進、加藤慶信、有村哲史の三氏が亡くなったことを知らされた。三氏とも経験豊かなクライマーだった。私たちは東の遠くクーラ・カンリの方向の空を見上げ、ため息をつくことしかできなかった。

靴を履いたままテントに倒れ込むと、あっという間に半日が過ぎていた。あまりの空腹で目が覚めたが、歯を食いしばっていたのか顎が疲れている。夢の中ではまだ寒さに耐え、生きて帰るルートを必死に探してさまよっていた。それからの数日間、目を覚ますたび生きていることへの喜びが倍増していった。

ベースキャンプからの下山では二人とも自力で歩くことができず、ロバを手配してもらった。こんな下山はこれまでになかった。その後、ジョシマートでもほぼ二日間起き上がることができなかった。これまで経験したことがないほど疲労しきっていたが、登山家としての経験値が上がり心は満たされていた。

この初登攀ルートを私たちは「SAMURAI DIRECT」と名づけた。

カメット登山
（総集編）

アスリートカメラマンとして

二〇〇八年ごろから、石井スポーツの店舗勤務と並行して山のカメラマンとしての仕事も個人で受けるようになっていた。

二〇〇一年に東海大学隊でクーラ・カンリ東峰に登ったとき、メーカーから借りたカメラで映像と写真を撮ったのが私の「カメラ事始め」だった。その後、二〇〇五年にムスターグ・アタへ行くタイミングでビデオカメラを買った。家庭用の小さなビデオカメラだったので映像の精度は落ちるが、それでも登山の報告会などでは、スチール写真より映像のほうが私たちのやっていることがよりリアルに伝わり、臨場感も味わってもらうことができた。

二〇〇八年に、のちに八〇〇〇メートル峰十四座を完登する竹内洋岳氏のカラコルムのガッシャーブルムⅡ峰（八〇三五メートル）とブロード・ピーク（八〇四七メートル）登山に映像記録担当、パートナーとして同行することが決まったとき、これまでの家庭用ビデオカメラでは映像に限界を感じていたので、思い切って三〇万円ほどする業務用のビデオカメラを購入した。生まれて初めて将来の自分に投資したのだった。

映像の自撮りは 2005 年から始まった

同じ年の秋に、フジテレビの「ガチャピンのヒマラヤチャレンジ」という企画の撮影の仕事が入った。ガチャピンがネパール・ヒマラヤのヤラ・ピークという五〇〇〇メートル峰に登るのをガイドしながら、かつ撮影も担当するというものだった。カメラマンとしての働きをしてお金をもらえるという、自分の趣味で始めたことが仕事になった最初の出来事であり、「好きなことを仕事にしてもいいんだな」と思うようになった。なにより、撮影を通じてひとつの目標をみなと協力して成し遂げるミッションが、登山と共通するところがあり心地よかった。

二〇〇九年には、フィンランドの登山家ベイカー・グスタフソンの八〇〇〇メートル峰登頂十四座目となるカラコルムのガッシャーブルム

Ｉ峰（八〇八〇メートル）にサポート兼カメラマンとして参加し登頂を果たす。このころになると次第に、山岳映像カメラマンとしての仕事が増えてきていた。

山岳映像カメラマンという仕事は、高性能ビデオカメラの価格が高く操作も複雑なこともあってだれもが簡単に参入できるものではなく、もともと映像制作会社などで撮影の仕事をしていて、アウトドアや登山の好きな人がその分野も担当するようになるのがふつうだ。

私の場合はまず山があり、趣味で撮っているうちに、カメラが小型化され操作も容易になったことで腕を磨いていった。そこに、私のアスリート的な体力と登山技術を付加することができれば、山の世界の映像においてこれまでと違う新しい伝え方ができるのではないか。容易に入り込めないところにも、私なら行ける。つまり〈オンリーワン〉の存在になれる、私らしい活動だと思った。そして、日本だけでなく、世界で活躍できるアスリートカメラマンになりたいという明確な目標が生まれた。山岳映像カメラマンは、その人にしか持っていない技術とノウハウをもって難しい仕事をやり遂げる職人的な要素がある。自分にしかできない仕事である山岳映像カメラマンとして、一本立ちすることを考えるようになった。

私のなかでカメラマンとして生きる思いがますます強くなり、それがやがて会社を辞めるという選択に傾いていった。悩んだ末に谷口けいさんに相談すると、「やりたいんでしょ、だったらやればいいじゃない」と彼女らしい答えが返ってきた。そのひと言で吹っ切れて、石井スポーツの社長に話を聞いてもらいにいった。そのときの社長の松山盟さんは元スキーの選手だったこともあってアスリートに理解が深かった。「給料が半分になってもいいので時間を自由に使わせてほしい。それができないのであれば辞めさせてほしい」と自分の思いを率直に打ち明けると、「わかった。給料は半分になるかもしれないけど、一〇〇パーセントの時間を自分のために使いなさい。応援するよ」と言ってくれた。会社に籍を置きながら、すべての時間を登山と映像カメラマンとしての仕事に捧げることを許してくれたのだ。二〇一一年のことだった。

新しいジャンルである「アスリートカメラマン」のポジションを自らつくり、それで生きていける道が開けたのはとても幸運だった。それなりの技術と体力を有する人にしか見られない高峰の景色を、私の撮った映像で広く見てもらえるという喜びだけでなく、私が撮影する対象となる登山家はみな一線級の人たちなので、彼らの活動ぶりを〈特等席〉で見ることができるという魅力もこの仕事にはあった。

NHKスペシャルの番組で、ミャンマーの最高峰カカボラジにて

撮影に際して心がけていることがある。

カメラマンは取材対象者と基本的には距離を保たなければいけない立場にある。空気のようにならないといけないときは、「私は部外者ですから」という雰囲気をあえて出すこともある。

一方で、自分もパーティーの一員なので、危険を察知したときにははっきり口に出してストップをかける。自分をも危険にさらすわけにはいかないのだ。部外者であってパートナー。その距離感はケース・バイ・ケースで調整するしかない。

もうひとつ、「このシーンは、のちに起こるであろう大きな出来事の伏線となるかもしれない」と素早く想像をめぐらせて次に備えることだ。それが〈決定的瞬間〉をものにすることにつながっていく。そのためにも、いつも視野を広くしていることが大切だ。大局を見る。これは仕事上のことだけでなく、私自身の身の安全にもつながっていく。

このアスリートカメラマンとしての仕事はやりがいがあるだけでなく、経済的にも恩恵をもたらしてくれた。同時にカメラマンという仕事を通じて、自分の登山の可能性も開けていく気がしたのだった。

第4章

痛恨のアマ・ダブラム

2010年、アマ・ダブラム頂上稜線でのヘリレスキュー

山が「帰れ」と言っている声が、
生と死の狭間で聞こえるときがある。

2013年、シスパーレの最高到達地点にて

広がる世界

日本の多くの登山家は、日本の山で経験を積むと次にヨーロッパアルプスの四〇〇〇メートル級の山々を登り、そのあとヒマラヤをめざす。ところが私の場合はアルプスを経由せず、いきなりヒマラヤの世界に入っていったので、私の登山のバックグラウンドにアルプス流の登山文化やクライミングが欠落していた。やはり近代登山発祥の地アルプスの環境に身を置き、向こうの山や登山家たちと触れ合ってみたかった私は二〇〇七年にアルプスに向かった。

日本を発ったときは春だったが、ヨーロッパはまだ冬だった。まずモンブランに登ろうとすると、現地の人が「いまはシーズンオフだから登っている人はいないよ」という。「天気が悪くても山に行くのは日本人と韓国人ぐらいだね」。そして「よく遭難するのも」と付け加えた。

日本では冬山登山は当たり前だが、彼らはリスクの高まる冬には登山しないのだという。リスクはなるべく回避するという合理的な考えなのだ。山は命を賭ける場所ではない。いや、命を賭けてはいけないのだと実感した。そもそも天気が悪ければ山に入らない。それは意気地なしとか臆病とかではない。リスクは自分自身でコントロールしないといけないのだということ。日本では味わったことのない、成熟した山の世界があることを知った。

二〇〇九年にピオレドール賞を受賞したことで登山家として少し自信ができたこともあり、パートナーが外国の人たちにも広がるようになった。二〇〇九年、フィンランド人の登山家ベイカー・グスタフソンの八〇〇〇メートル峰十四座目となるガッシャーブルムⅠ(八〇八〇メートル)の挑戦に撮影兼パートナーとして外国人と二人で初めて登り、その後、アルプスでも何人かの外国人とペアを組んだ。ヨーロッパの登山文化をバックグラウンドに持つ彼らと登っていると肩に力が入らず、自然体で山に向かうことができたし、彼らはピオレドール賞うんぬんを抜きにして私と対等に接してくれたので純粋に登山を楽しめた。海外にもパートナーを得たことで私の中にあった国境はなくなり、世界が一気に広がったのだった。

ドイツ人の登山家で山岳カメラマンでもあるダーフィット・ゲットラーと出会ったのもそんなころだった。ベイカー一行とガッシャーブルムⅠに向かう途次の、パキスタン・イスラマバードのホテルでのことだった。ベイカーとダーフィットはかつてヒマラヤ登山でチームを組んだことがあり、彼らの久しぶりの再会の場に私が立ち会ったのだった。

ダーフィットもこれからオーストリアの登山家の撮影でK2に向かうとのこと。私と同い年で、同じく山岳撮影を生業にしていることから彼に興味が湧いたが、それ以上にクライマーとして同じ匂いを感じたことを覚えている。

その年の秋、ネパールとチベットの国境に位置するロールワリン・ヒマールの名峰ガウリシャンカール（七一三四メートル）にチベット側から向かう予定であることを話すと、彼は過去にネパール側から挑戦したことを教えてくれ、その場でそのときの写真を見せてくれた。ガウリシャンカールのようなマイナーな山に同じように思いを馳せるところや、アルパインスタイルなどの志向が同じだと直感した。そのころの私はまだ困難な登山を海外のクライマーとする自信がなかったが、いつかはしてみたいという憧れはあった。そのときは、「いつか一緒に登山がしたいね」と半ば社交辞令的なことばを口にして別れたのだった。

そのガウリシャンカールのことを簡単に報告しておこう。

カメットの頂上で発した「次はどこ？」から一年後、私と谷口けいさんはこの山にチベット側から向かった。東面のチベット側からの挑戦の記録は少なく、一九九七年秋に山野井泰史さんが北東稜に向かったが、頻発する落石の危険などルートのコンディションが悪くて取り付かなかったようだ。

ガウリシャンカール南峰東壁2009

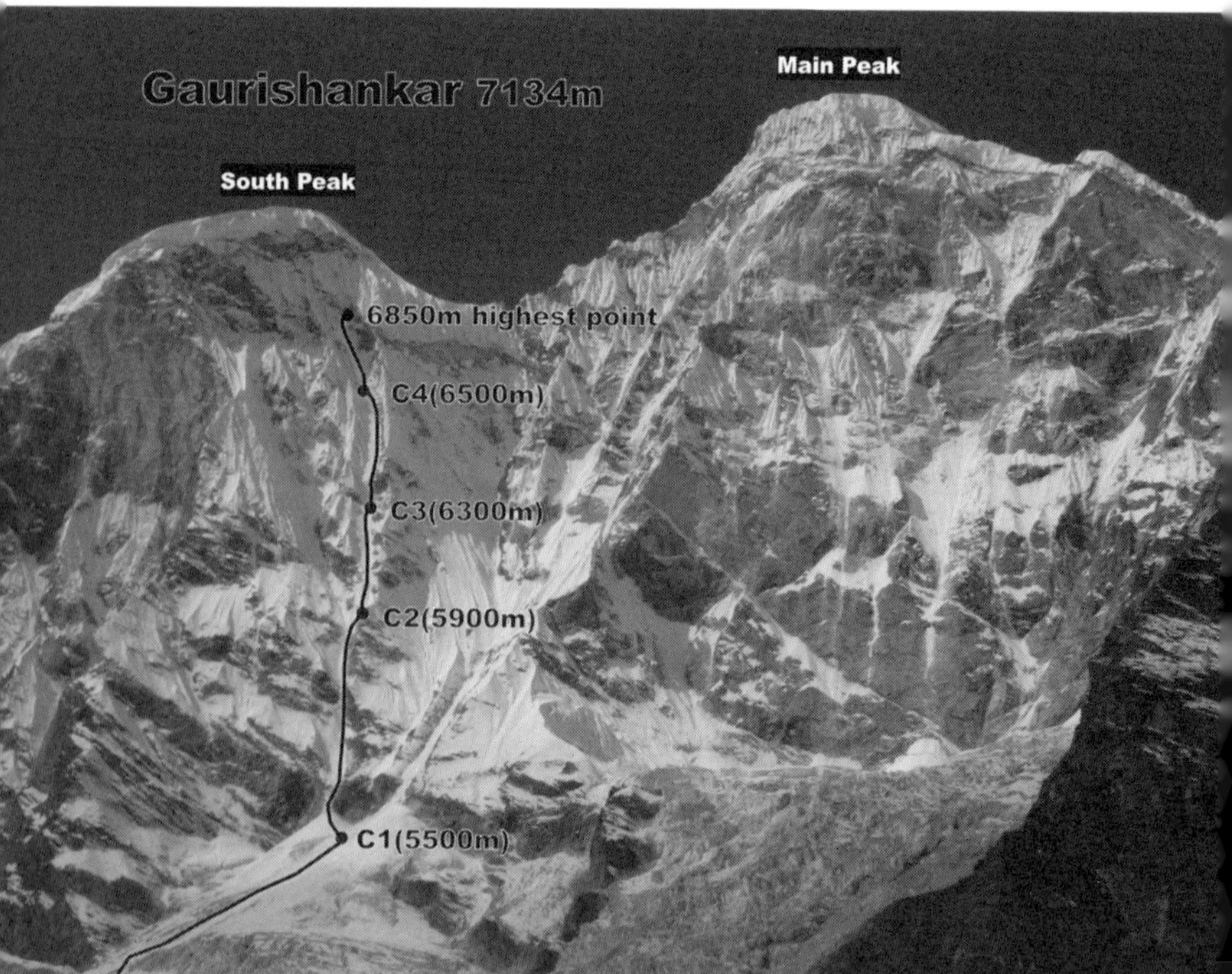

ベースキャンプ近くの丘から見たガウリシャンカール東壁

―登頂履歴―

1979年春にアメリカ＝ネパール合同隊（A.リード隊長）が西壁を直登し、主峰に初登頂した。その秋、イギリス隊（P.ボードマン隊長）が南峰から派生する西尾根を登り南峰に初登頂した。

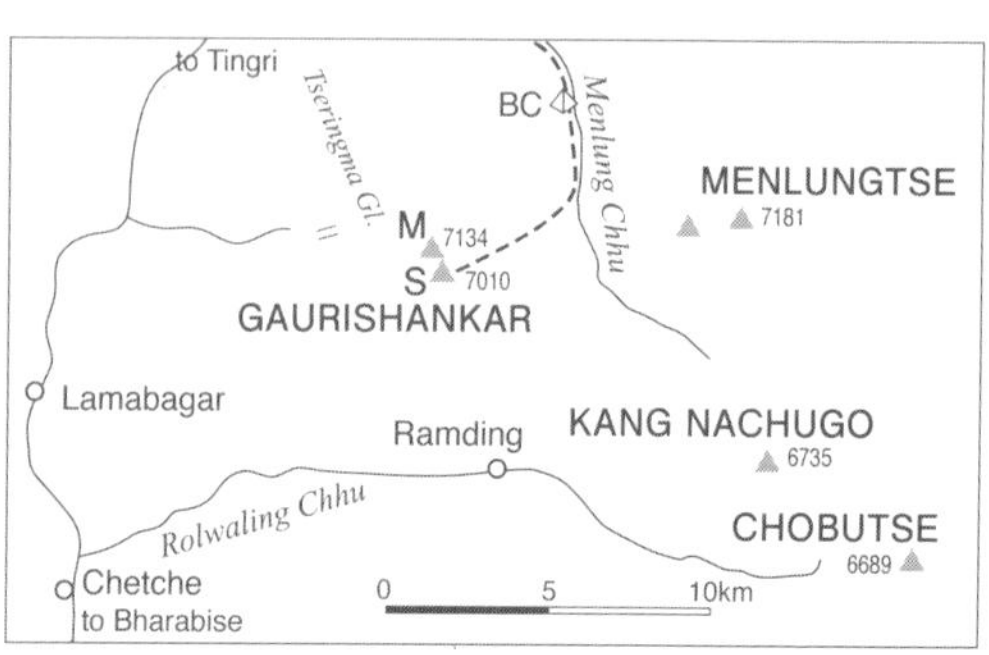

ガウリシャンカール南峰東壁の
核心部

ガウリシャンカール
南峰東壁を登る

ルートの状況が悪く、
登攀を断念。
頂上直下 160 メートル地点が
最高到達点となった

私たちはベースキャンプへ向かう途中、特殊地域への入域許可証がないからとの理由で中国軍に足止めを食らい、五日間押し問答した末にようやく入山。偵察の結果、主峰でなく南峰（七〇一〇メートル）の東壁に取り付いて五日目、最終のビバーク地にテントを残して頂上をめざすが、頭上にそそり立つ岩壁を目の前にして、頂上まであと一六〇メートルほど残して敗退した。リスクを冒してまで頂上をめざすという選択はもうありえなかった。

ドイツ人クライマーからの誘い

翌二〇一〇年に私とけいさんが目標にしていた山は、チベットのナムナニ（七六九四メートル）だった。ところがけいさんがその年の春、山スキー中に足の靭帯を断裂する大けがを負ってしまったため、先延ばしになっていた。けいさんのリハビリのあいだ何もしないわけにはいかないが、いかんせんパートナーがいない。

そんな二〇一〇年の夏、突然、ダーフィットからメールが届いた。

「和也、何してる？　秋に一緒に登山しようよ！」

ネパールのアマ・ダブラム（六八五六メートル）に北西壁の未踏ルートから登ろうというのだ。人の

ガウリシャン
カール登山

アマ・ダブラム北西壁 2010

基部に向かう途中から見たアマ・ダブラム北西壁

—登頂履歴—

1961年にニュージーランド隊(E.ヒラリー隊長)が南西稜から初登頂した。しかしこれは無許可登山だった。

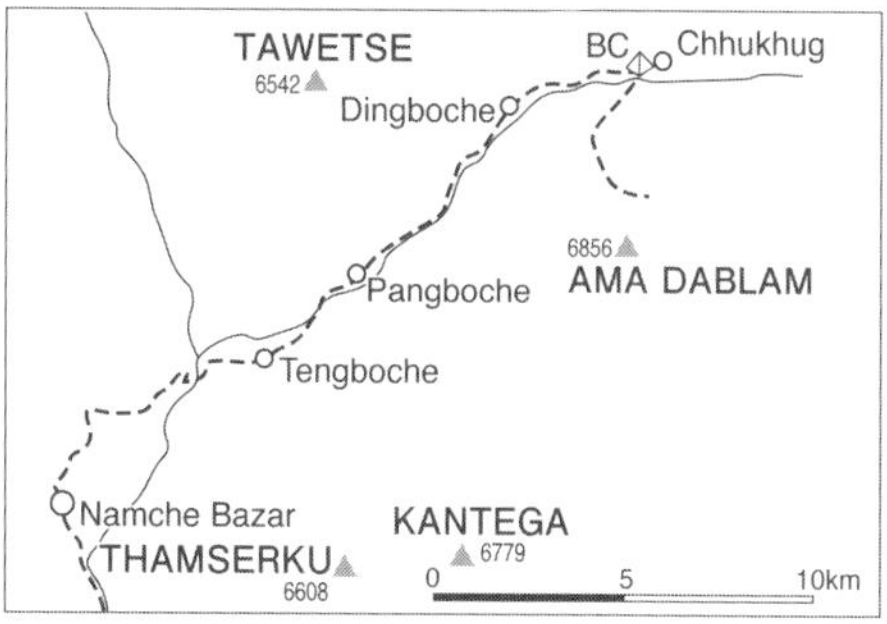

タンボチェにてパートナーのダーフィットと私

計画に乗るのは私の登山スタイルではないが、タイミングがよかったので行くことを即決。「大歓迎」と返信した。

カトマンズで合流してルクラまで飛行機で飛び、トレッキング六日目にベースキャンプとなるチュクンの村に到着した。アマ・ダブラムの目標の壁が間近に見える。

高度順応のためチュクン・リ手前の五五〇〇メートルで二泊。アイランド・ピーク（六一八九メートル）にも北稜から登って頂上直下に一泊半滞在し、暮れゆく太陽と満月がバトンタッチする瞬間の静かな山頂に立った。少しずつお互いを理解しながら技術の確認をしていく。

準備はすべて整った。あとは計画を実行するだけだ。目標は北西壁を可能なかぎりダイレクトに登ること。天気が安定したら壁の取付に移動し、翌日は北西壁へと入っていく。数ピッチ登って壁のコンディションを確認し、進退を判断しようと取り決めた。

チュクン入りしてから二週間後の十一月四日、登攀開始。北西壁基部から右上しながら取付に向かう。お互い無口で淡々と進む。いま相手が望んでいること、私がしなければいけないことをただシンプルにやっていけばいい。崩壊するかもしれないセラックの危険を回避できるようにル

登るにつれて徐々に息の合ったパートナーとなったダーフィット

ートを選ぶ。それも気休めにすぎず、大規模な崩壊には対応できないことはわかっている。スピードを優先することでリスクを軽減するだけだ。事前にクライミングの手順はまったく打ち合わせしていないが、ロープはスムーズに延びていく。

取付から標高差六〇〇メートルは登っただろうか。日暮れの時間が迫り、きょうの行動に終止符を打ちたかったがテント場が見つからない。ここを越えたらきっと……。そのたびに期待を裏切られながら、不安定な斜面になんとかC1（五八七七メートル）。初日からつらい一夜になった。頂上にこの日の最後の陽光が当たっていた。

二日目、この壁でもっとも急峻な部分に入っていく。上部雪田に向けてダーフィットがロープを延ばしていくが、アイスクライミングにはもってこいのブルーアイスから一転、一枚岩の上にシュガースノー（粉雪）が載っている不安定な場所に出くわして行き詰まり、いったんクライミングダウンしてきた。この壁はけっこう厳しいなと言いたげなパートナーの表情に、「下山」の文字が頭の中でちらつく。しかし、ダーフィットの再度の奮闘で別のラインからようやく上部雪田に出ると一気に視界が開け、取付からこの上部雪田までダイレクトに登ることができたので、このまま山頂までも、という思いが強くなっていく。一方で、冷たくなった手の指が気になり、まったく日差しのない日陰の壁から逃げ出したい気持ちもあった。

ダイレクトに頂上へ登れるコンディションには見えず、左上して北稜に向かうことにする。落胆の気持ちは大きいが、雪田の傾斜が緩み、きのうよりは安定したビバーク地でゆっくりできることを期待してスピードを上げる。六二〇〇メートルにC2。山頂はすぐそこに見え、あわよくばあした登頂かな、という期待感に包まれながら眠りについた。

「ヘリ…という選択肢はないのかな」

登り出して三日目になり、高く登ったぶん景色がだいぶよくなってきた。ローツェ南壁の向こうからエベレストの山頂が顔を出した。去年の秋にめざしたガウリシャンカールも遠くに見えているはずだ。エベレスト街道をトレッキングしている人たちも双眼鏡でなら私たちを見ることができるだろうが、いったい何人の人が気づいているだろうか。べつに人前でパフォーマンスしているわけではないが、眼下に見えるトレッキングルートにトレッカーがたくさん歩いているのだろうなと想像するだけで安心感があった。

そんな余裕もつかの間、上部の岩壁を回避するため左に三ピッチの困難な垂壁トラバースを強いられた末にようやく北稜へ。やっと日の当たる稜線に出て、久しぶりに浴びる日差しが体に温

北稜に出ると一気に視界が広がり、エベレストが顔を出した

みをもたらしてくれるものの、それまでの想像を超える厳しいクライミングで疲労がピークに達していた。それでも北西壁のルートが完結したという安堵感から、ダーフィットを迎え入れたときは二人で喜び合う。

あとはやさしい稜線を歩けば山頂かなという安易な考えは数メートル登り出したら消え去った。あまりに不安定な雪の状態にダーフィットはとりあえず戻るといい、私の確保でクライミングダウンを始めた直後、雪煙とともに転落して視界から消えていった。とっさに反対の斜面に体を移して衝撃に備える。ロープがびしっと張って止まり、ダーフィットがぶら下がっている荷重に耐える時間が数分続いた。やがてロープの荷重が抜け、ロープを強く引いていくと、顔を切って流血しているダーフィットが目の前まで戻ってきた。雪庇を踏み抜いてしまったのだという。

前進を阻む雪の状態から私たちは撤退を決断し、一五〇メートルほどクライミングダウンして六三五〇メートルあたりの安全な場所にＣ３テントを張った。このあとどうするか時間をかけて話し合った結果、ここまで登ってきた北西壁を下降することに決める。だが、すでに二人とも手足の指が痺れてきており、このまま下降を続けると手足の指を代償にする確率が高かった。切迫

登り切れなかった北稜の最高到達地点

ダーフィットが先に救出され、私は次の飛来を待つことに

した状況が葛藤を加速させる。自力で降りるか、救助を要請するか。リスクを天秤にかけた判断をダーフィットと話し合った。

「ヘリ…という選択肢はないのかな」

最初にヘリコプターという単語を口にしたのは私のほうだった。他力に頼るのはいかにも安易な選択肢に思え、葛藤もあったが、すでに手足のしもやけがひどくなりつつあるいま、意地やプライドのようなものを貫いた結果、手足の指を失ったり、ましてや死んでしまうのは最悪だと思った。

すると、ダーフィットが「ヘリ救助の可能性があるのか、ともかく打診してみよう」と、今回の登山をコーディネートしてくれている会社に電話をした。その会社はヘリコプターのレスキュー会社を子会社として持っているようで、「ヘリでの救助は可能」との返事。

目の前の雪壁にはヘリコプターのローターが接触した跡が残っていた

結論を出した。アマ・ダブラムの技術的に難度の高いルートへの挑戦中、頂上まであと三五〇メートルの地点で不安定な雪質のために撤退を決断した私たちは、救助ヘリを要請したのだった。

四日目の朝、風もなく、エベレストをはじめネパール・ヒマラヤの白く尖った峰々が四囲の遠く彼方まで見渡せるようないい天気だった。予定ではいまごろはアマ・ダブラムに登頂し、ノーマルルートを下降しはじめている時間だ。それなのにこのいま、頂上を目の前にして敗退を決断し、救助ヘリにすがろうとしている。こんな結末など、想像すらしていなかった。

ピックアップしてもらう場所になりそうな小さなピナクル（小尖塔）まで五メートルほどロープを張って準備をする。やがて、遠くからヘリが上昇してきて私たちの目の前に現れた。救出は一人ずつということで、まずダーフィットが先にヘリに乗り込んだ。一〇分ほど経って、私のためにヘリが再び上昇してきた。

ヘリが近づき、助手席からアシスタントが差し出しているロープの先のカラビナに、私につながったスリングをあともう少しでクリップできそうになったとき、突然、なぜかヘリが私に向かってゆっくり移動してきた。そのためクリップするのをやめ、腰を落としていったん様子を見ることにした。頭上すれすれでホバーリングしていたその次の刹那、「ドスッ！」という轟音とともにヘリが傾いた。その直後、コントロールを失ったヘリは虚空に落下していった。

周囲に舞った雪煙で視界が遮られたため、一瞬、いったい何が起きたのかわからなかった。すぐに焦げくさい臭いに包まれ、機体の一部と思われる金属片や細かな塗装の一部が足元に広がっていることに気がついた。さっきの轟音の正体は、ヘリのローターが私の頭上の雪壁に当たってしまった音で、そのため揚力を失って落下したのだと理解した。

「どうしたらいいんだろう……」

その場にただ呆然とたたずむしかなかった。

生への執着

ヘリが墜落した現実を目の当たりにしてしばし何も考えられなかったが、徐々に冷静さを取り戻した私はまず、ヘリが来たらその場所に放棄しようとしていたテントを含め、すべての生活道具を置いた場所を恐る恐る目で探した。もしヘリの墜落に巻き込まれていたら、極寒のなか体ひとつで地獄のような夜を過ごさなければならない。日に日に冬に近づいているヒマラヤでは、六〇〇〇メートル峰でも夜はマイナス二五度の世界だ。

幸いにもテントや道具は事故に巻き込まれていなかった。眼下の、先にピックアップされたダーフィットがいるであろうチュクンに手を振るも、見えていないだろうなと思い、少ししてやめた。そして、自分が生きている証拠を残すためにカメラに向かって、どこかで起きた事故現場をリポートしているかのような自撮りをした。いつかこのカメラが発見されたときのために――。

こんなはずではなかったという思いとともに、ほんの数時間前までテントを張っていた場所にテントを張り直した。テントの中に入ると現実逃避できるのか、多少は冷静に物事を考えることができた。燃料や食料を確認すると一日二食で三、四日分だろうか。一食にすれば一週間は生き

生きている
証の自撮り

へリ墜落後のテントにて。残りの食料と燃料を広げて今後のことを考える

ていけるだろうかと推測した。

　何時間経っただろうか。墜落したヘリコプターの方に救助隊が向かっているのか、またヘリの音がしてきた。テントから顔を出して、二〇〇〇メートルほど眼下を見下ろすとヘリが見えた。しかし、それはいっこうにこちらに近づいてはこなかった。

　生きて帰る方法を紙にメモしていくが、だれだれがコレコレをしてくれたら……としか思いつかない。すべて他力本願。自力でできることは何もないとわかるだけだった。毎年何百人と登るこの山のノーマルルートには、そのときにも登山隊が多く登っていると聞いていた。山頂を越えてだれか助けに来てくれないか。ダーフィットなら場所を知っているから救助隊を引き連れて来てくれるかも。そんな淡い期待をする自分に嫌気がさした。

その日の夜は今後も食い延ばすために少量にした夕食を済ませ、きょう起きた壮絶な出来事の疲れと現実逃避したい思いも相まって早く横になった。手足が冷たくて痛かった。


五日目の朝、起きるとすでに明るく、テントの内側が結露して氷となったものが太陽の熱で解け、水滴となって落ちてきた。テント内は勝手が違っていた。きのうまでは、急峻な雪壁で一人しか横になれず体を折り曲げながら寝たものだが、そのパートナーがいまはおらず、一人のテントは変に広く、虚しい空間に思えた。クッキー数枚だけの簡単な朝食に、燃料を無駄使いしないようにと昨晩寝る前に雪を足し抱いていたボトルから、シャーベット状の氷が出ないように注意しながら冷たい水を少しだけコップに移して口に運んだ。ぼーっとした時間が過ぎていく。

ふと、ヘリの音でわれに返った。時計を見ると七時だった。私の様子を確認するためか、近くを通過していく。赤と青の塗装が前日のヘリと同じであることに気がついた。機体の左側の窓からアシスタントがしきりに何かを訴えている。よく見ると、手で「バツ」のジェスチャーをしている。この場所から救助するのは不可能だというサインだ。

このままここにいたのでは事態は何も変わらない。手元にある五〇メートルロープ二本をつなぎ合わせて一本にし、懸垂下降しようと考えた。とりあえず一〇〇メートル下に移動していけば、そのどこかでピックアップしてもらえるような場所が見つかるかもしれない。もし見つからないとしても、いまできることをしないと後悔する。ヘリとの距離を縮めるために、自らヘリに近づく方法を考えなければならないのだ。

ロープを絡まらないように束ね直し、スノーバーを支点にして、二〇〇〇メートル下まで届けとばかりに空中に投げた。何が正解で何が失敗かはここから脱出できたときにわかるだろうと覚悟を決め、ハーネスにセットしたロープに体をあずけて一歩を踏み出す。ナイフリッジに沿って慎重に降りていく。気をつけないとリッジから足を踏み外して振り子のように東壁に移動してしまう。こうなると、ヘリでの救助は不可能だ。

突然、足元の雪が抜け落ちて宙ぶらりんになり、ロープにぶら下がった。足元から雪崩が発生したのだ。私が踏み抜いた雪が、車よりも大きい、一軒家ぐらいの塊となって山肌を削りながら落ちていった。生きて帰れる可能性はいったい何パーセントくらいあるのだろうか。ロープを固定しているスノーバーは一本で大丈夫だったのだろうか。いまさらそんな心配をしたところで自分では答えを出せないことはわかっていても、いろいろな思いが交錯する。

さらに数メートル空中懸垂すると、やっとアイゼンの前爪が雪の中の氷に引っかかり、地に足が着いた。あの世からこちらの世界に戻ってきた感じがした。ロープ五〇メートルのつなぎ目を過ぎ、残りはあと五〇メートル。そのあいだもヘリは何度も旋回しながらこちらの状況を確認している。再び「バツ」のジェスチャーを見るのが怖くて、あえてヘリを見ないようにしていた。

さらに懸垂下降していくと、下の方でロープの先端が溜まっているように見えた。もしかしたら平らな場所なのか？　慎重に近づいていく。すると、これまでの垂直の傾斜がうそのように奇跡的に斜度の緩いスペースがあった。その先端ならヘリのローターを邪魔する雪壁からは距離がある。もちろんヘリが安定して着陸できる場所ではないが、ヘリのスキッドの片方は乗せられるだろう。ロープもほぼ終わり、これ以上は下降できない。もうここしかない。

私はヘリに目をやった。

先ほどまでは閉まっていた後部座席の左側のスライドドアが大きく開いていることに気づいた。これまでになくかなりゆっくり近づいてきたので、パイロットとアシスタントの顔がはっきりわかる。もう一度旋回してくる、というようなジェスチャーでヘリはゆっくり通り過ぎていった。

私は最後のチャンスに賭け、足元の雪を踏み固めて靴底四つぶんぐらいの小さなスペースを作った。問題なのは、ヘリが近づいてきたときの障害になりそうな目の前のロープだ。覚悟を決めて、私をここまで連れてきてくれたロープをハーネスから外す。ロープはもう手の届かないところに流れていった。すべてはこれから起きることに身を任せるしかない。

ヘリは再びゆっくり近づいてきて、左側のスキッドのごく一部を雪面に押し付けて動きが止まった。右側のスキッドは空中に浮いているため機体は揺れているが、パイロットは左後ろを振り返りつつ、私の様子をうかがいながら安定に努めているように見えた。身を乗り出し、手を伸ばしてきたアシスタントと手が触れ、スキッドに右足のアイゼンの前爪を引っかけてゆっくりとヘリの機体の中へと体の重心を移していく。次に中段のステップに左足のアイゼンの前爪をかけ、最後はがっちりアシスタントと腕を組んで右膝を機内に滑り込ませた。ヘリの中では何やら警告音が鳴り響いていた。アシスタントが、燃料切れの警告音だと大声で教えてくれた。ヘリはダーフィットがいるはずのチュクンではなく、四〇〇〇メートル下にあるルクラに向けて一気に下降していった。

私は九死に一生を得た。

謝罪と赦し

　ルクラのヘリポートに到着すると人だかりができていた。まさに登山していた格好そのままの私に視線が集まっている。私は顔を上げることができなかった。そのまま管制室のある建物に呼ばれ、事情聴取を受ける。前代未聞のレスキューミッション、そして墜落事故。私を救助しようとしたヘリのパイロットとアシスタントの二人が亡くなったことを知らされる。パイロットはサビン、アシスタントはプルナという名だということもこのとき知った。墜落の状況からその死は覚悟はしていたが、あらためて私の心は空っぽになり何も考えられなかった。

　現地でいろいろと手配してくれているエージェントから、報道陣が騒いでいるのでチュクンに残してきた荷物をまとめて下山してくるダーフィットを待たず、一足先にカトマンズに戻るようにと連絡があった。山中にいた姿のまま、カトマンズへの定期便で一気に都会に戻った。

　数日後、カトマンズ空港にルクラからのダーフィットを迎えにいった。人だかりの先にダーフィットが見えた瞬間、涙が溢れた。ダーフィットも同じだった。生きていてよかったと抱き合い、互いのその後の出来事について話しはじめた。

ダーフィットはピックアップされた直後、ヘリの中でパイロット、アシスタントと拳を合わせて歓喜に包まれたという。ヘリがルクラに向かおうとしていたのでベースキャンプにしていたチュクンに向かうようお願いした。チュクンであれば私を迎えにいくのも好都合だと彼は考えたそうだ。ヘリから降りたダーフィットはビデオカメラを取り出し、私の救助に戻っていくヘリコプターの撮影を始める。と、突然、目のいいネパール人が「ヘリが墜落した！」と叫ぶのが聞こえ、まさかの事態にパニック状態だったという。

カトマンズで、事故で亡くなった二人の家族に謝罪したいという私たちの願いをエージェントが調整してくれた。ただ謝ることしかできないとしても、まずは会いに行かなければならない。それに何より、事故の状況を直接、遺族に説明する義務が私にはある。

途中で花と果物を買い、まずパイロットのサビンの実家に向かった。車を降り、いざ家を目の前にすると緊張して足が固まって動かない。それでも家族の人に案内されながら歩みを進める。多くの人の視線を感じながら遺影の前で手を合わせ、私たちのせいでこんなことになってしまって申し訳ありませんと謝罪した。それ以上のことばを見つけることはできなかった。

家族に事故のときの様子を忠実に話すことが、私たちにできる精いっぱいの誠意だった。すでにパシュパティナートという場所で火葬が行なわれ、この地域の風習で遺灰は川に流されていた。父親は全身白い服を着て喪に服していると教えてくれた。一定期間、だれとも触れることは許されず、食べることもできないとのことだ。まだ小さくてやっと歩けるようになったサビンの子にも、やはり「ごめんなさい」としか声をかけられなかった。

沈黙の時間が過ぎると、サビンの母親が「息子は生まれたときからそういう運命にあった」と話し出した。これはネパールの宗教上の意味合いだろう。そして「あなたたちに責任はなく、責めもしない。助かってまた新しい命をもらったと思って、これからも命を大切にしていってほしい」と言った。サビンの妻は「これがきっかけで山をやめないで」とことばをかけてくれた。

アシスタントのプルナの家は空港の近くにあった。ここでも事細かに事故の様子を説明した。一〇歳ぐらいのプルナの息子は拳を握り締めてずっと下を見ていた。家を出ると、街灯もまばらなこの場所は真っ暗だった。

数日後、私とダーフィットはそれぞれの国の家に向けて帰路についた。どういうことばを交わしてダーフィットと別れたのか、いまはもう思い出せない。

どうにか生還した私は、やがてこの出来事を振り返るなかで、「ヘリで救助してもらえる環境での登山は冒険といえるのか？」という思いに襲われた。未知・未踏への挑戦を語りながらも、つまりは安全が確保された〈競技場〉の中で活動していたのではないか、と――。

私のクライミングは当然、山を下りてくるまでを想定して準備する。アマ・ダブラムではそれが途中で終わってしまった。本来ならそれは死を意味することだ。しかも二人の命を奪う事態になってしまった。ほんとうに自力で降りてくることはできなかったのか、そのあとずっと考えた。

――安易にヘリでのレスキューを選択してしまったのではないか？

――いや、あのときはああするよりしかたなかったんだ。

――いやそれでも、自力で降りるべきだった。たとえ凍傷を負ってでも……。

そんな考えが交錯した。答えは出なかったが、「自力で降りるべきだった」との後悔だけは消えなかった。たとえすべての指を失うことになっても、そうすべきだった。

その翌年、仕事をリタイヤしたばかりの父が「エベレストを見たい」と言ってきた。長年、警察官として働いていたので長期の休みを取ることはできなかったから、これまで一緒にどこかに行くチャンスはまったくなかった。父に少しでも親孝行ができるのであればと思い、エベレスト行きを決めた。エベレストへの道中にあり、必ず視界に入るアマ・ダブラム。そのよく見える丘

レスキュー・ヘリのパイロットたちの墓標の山となってしまったアマ・ダブラム

亡くなられた２人を偲び、アマ・ダブラムの見える丘にメモリアルプレートを設置する

に殉死した二人のメモリアルプレートを設置することも、私をまたネパールへと後押しした。

富士山の標高を超えて希薄な空気のなか、ナムチェバザールの裏山の丘に登り、父にエベレストを見せてあげることができた。そして、その右手前にある山を指さして「あれがアマ・ダブラムだよ」と教えてあげた。父は感慨深い表情を浮かべ、一心に見つめていた。エベレストは口実で、ほんとうはアマ・ダブラムを見たかったのか？　息子が生死をさまよった山をその目で見、そして息子を助けてくれたネパールの人たちに感謝を伝えたかったのだろうか。あえて聞かなかったが、そうだと信じて父の思いをうれしく胸にしまい込んだ。

メモリアルプレートをアマ・ダブラムのよく見える丘に設置し、父と手を合わせた。穏やかな日だった。サビンとプルナは私とダーフィットにとって永遠のヒーローであり、決して忘れないことをあらためて誓った。

第5章

別れ、新たなパートナー

2011年、ナムナニ山頂にて

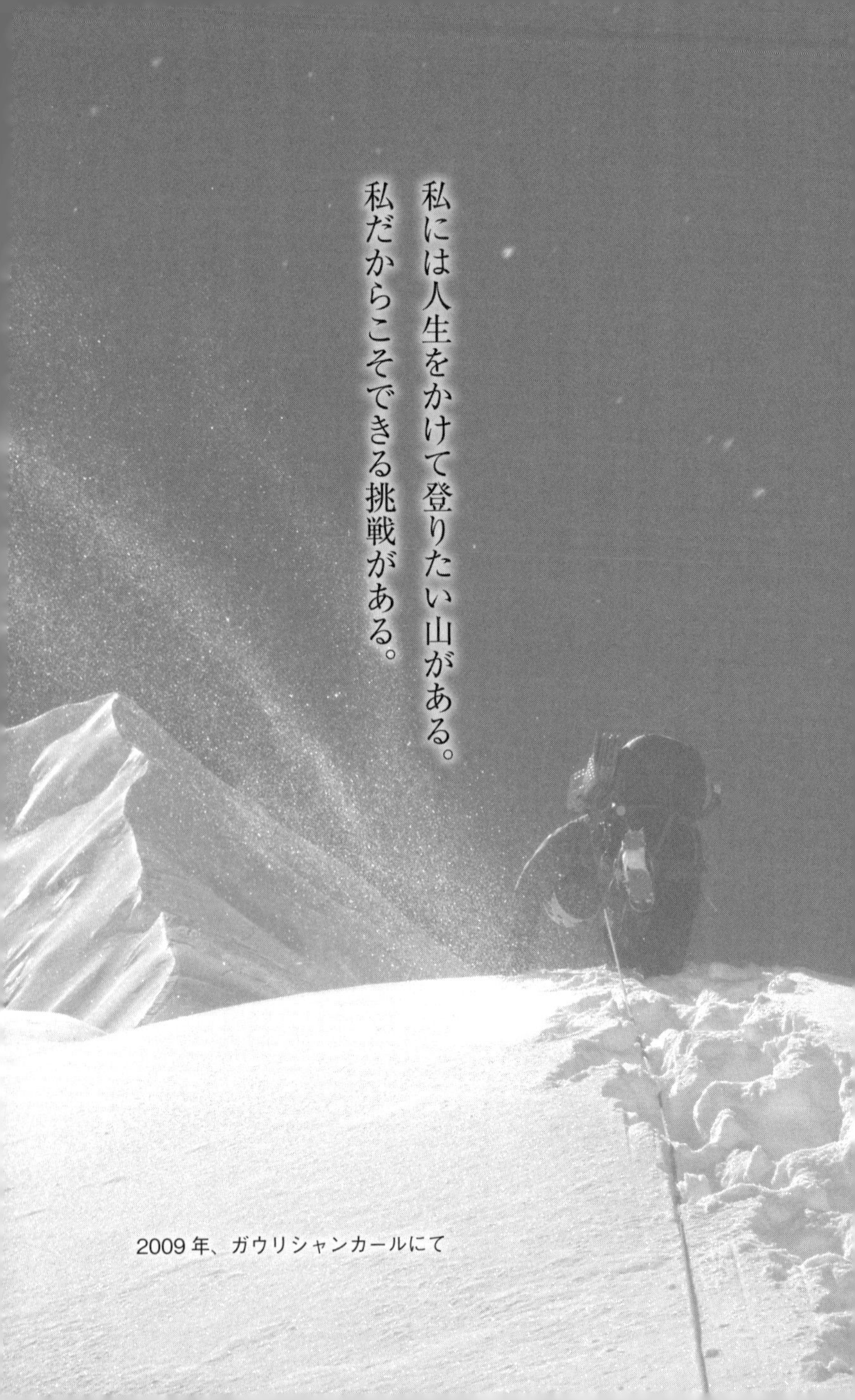
私には人生をかけて登りたい山がある。
私だからこそできる挑戦がある。

2009年、ガウリシャンカールにて

再起の山、ナムナニ

アマ・ダブラムでの不幸な出来事のショックから消沈した日々を過ごしていた私を見て、事故から半年経った二〇一一年の春、頃合いだと思ったのか、谷口けいさんが声をかけてくれた。

「ナムナニ、行こうよ」

けいさんのけがで先延ばしにしていたナムナニ。足の靭帯断裂のけがは日ごとに回復しており、立場が逆転してこんどはけいさんが私のために手を差し伸べてくれたのだ。彼女に背中を押され、私はヒマラヤに戻る決断をした。もし私にまったく山を登る気配がなかったら、けいさんは声をかけてこなかっただろう。私の中にまだ残っている山への思いを嗅ぎつけ、掘り出し、「ほら」と私の前に提示してくれたのだった。

二〇一一年秋、私たちはまた共に旅立った。ナムナニへと。

中国チベット自治区にあるナムナニ（七六九四メートル）は、漢字では納木那尼峰と書かれ、インドやネパールではグルラ・マンダータと呼ばれている。一九八五年に日中合同隊によって西面から

ナムナニ南東壁 2011

ロンゴー谷を詰めて初めて姿を現したナムナニ南東壁

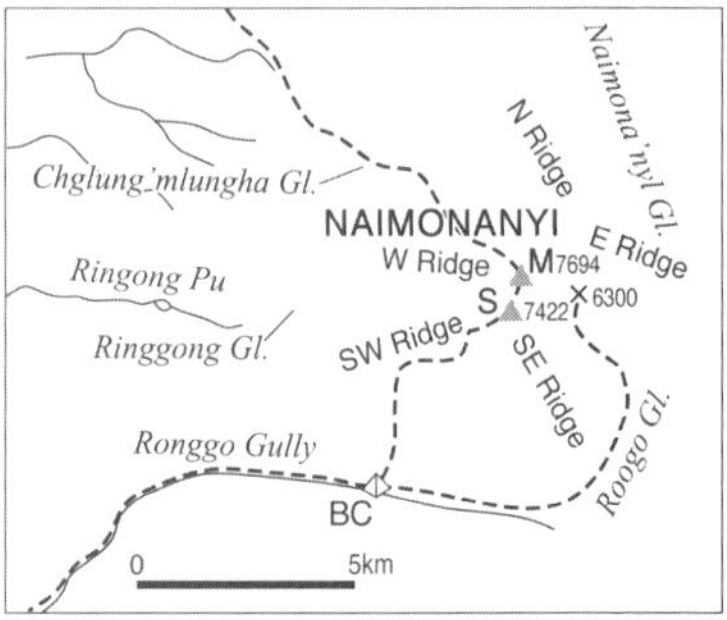

—登頂履歴—
1985年に日中合同登山隊が西面のザロンマロバ氷河にルートを取り、西稜から初登頂した。

初登頂された。その後、多くの登山隊が初登ルートから山頂を踏んでいる。

今回私たちが見つけた〈宝物〉は、未踏の南東壁だ。大阪山の会の大西保さんが二〇〇〇年に訪れた西ネパールのナルカン・サール南峰の報告書の中に小さく写っていたナムナニ。その写真をルーペで覗いて子細に観察すると、鮮明ではないものの、スケールの大きい南東壁にラインが引けそうな予感がした。しかも救助ヘリコプターなどあり得ないチベットの地だ。もうヘリが飛んでくれる山は選ばない。もう一度、山としっかり向き合わせてくれる登山をするのにナムナニは格好の場だった。

チベット登山協会（ＣＴＭＡ）との交渉はトラブル続きだった。私たちの予定する登攀ルートと行程をメールでやりとりしていたものの、送られてきた登山許可証は「ノーマルルート（西面）」。間違いを指摘すると、返事は「ノープロブレム」。めざすナムナニ南面のロンゴー谷の情報が欲しいと伝えても、なしのつぶてだった。現地で初めて顔を合わせた連絡官のタシは、何度もナムナニ遠征隊に同行したことがあるというので少し安心するが、それでも油断は禁物。念のため、私たちはノーマルルートではなくロンゴー谷を詰めて南側の壁を登ることを伝えると、「え？　なんだって？」。案の定、連絡官には何も情報が伝わっていないのだった。チベットの遠征は、山に登る前から冒険が始まっている。

まず私たちは聖山カイラスを一周する巡礼路を歩いた。この地を深く知ることと、高度順応が目的だ。タシはそのあいだに、広大なチベット高原で羊飼いのおじさんをつかまえて「ロンゴー谷って知ってるか？　それはどこ？」と情報収集をしたようだ。

ロンゴー谷の近くの集落で、ベースキャンプへの荷役馬の手配をするべく畦道を歩いて村人に声をかけるが、いまは収穫の時期で忙しいのだと、なかなか話を聞いてもらえない。だいたい、彼らにとっては「登山っていったい何なんだ？」なのだろう。それでもタシは数日後には馬と馬方を手配してきてくれ、私たちは未知のロンゴー谷に入っていった。

人跡未踏のナムナニ南面のベースキャンプは、小川が流れる平和な草原だった

途中で馬が脚をけがしたため、地図上で予定していた南東壁下の氷河舌端まで六時間ほどの行程を残し、豊かなせせらぎが流れ、ナキウサギが遊ぶ四八〇〇メートルの台地をベースキャンプ

初めて目にするナムナニ南東壁にルートを探る

とする。

　ここから先は、間違いなく人跡未踏。大きな岩がごろごろしているモレーン（氷河が運んできた推積物が連なる堤状の地形）を丸一日歩いて、南東壁が近くに見えるところまで偵察に出る。見上げる壁には、やはり懸念していたセラック帯が上部にある。近くにテントを張ると、夜中と朝方に、それが大きく崩壊して雪崩れる音が響いた。セラック帯の中に突き上げる明瞭なリッジに、一本だけ登れそうなラインが見える。あそこしかない。けいさんも自然に同じラインを目で追っていた。

　けいさんは壁を見上げながら、こんなことを口にしていた。「恐怖とかより、自分がその山とどう対峙できるか毎晩問いかけている。自分の弱い部分にどう立ち向かっていけるかが、いまの自分にとっていちばん重要な気がする」と。

七〇〇〇メートル近くまでの高度順応を兼ねて、南西稜に突き上げるいくつもの氷河のひとつを登ってみると、想像以上に厄介なこの山の状態を知らされる。巨大なセラック帯に阻まれたり、落石がひっきりなしだったり、クレバスがあちこちに口を開けていたり。こんなふうにナムナニの南面をあちこち踏査しながら、私たちはこの山に精神的にも近づいていった。


十月上旬、はじめの偵察から二週間後に南東壁の末端に立った。見上げる壁は、好天続きで偵察のときより黒くなっている。登りはじめてすぐに、セラック崩壊の洗礼を受けた。アックスにしがみついて壁にぴたりと身を寄せる。チリ雪崩はかぶったもののセラックの直撃は免れた。

偵察時に予定していたラインは落石の雨だったので、右往左往しながら安全だと思われるラインを登っていくと、いつしか私たちは大きなセラックの真下にいた。自然のあからさまな脅威の前には「逃げるが勝ち」が、自然を相手に遊び、闘う者の掟だ。私はすぐにでも下山したほうがいいと言った。けいさんは「一晩だけ納得する時間がほしい」と言った。簡単には諦められないのだろうが、いつ崩壊するかわからないセラックの下でキャンプをするのはあまりに無謀な賭けだった。

セラック崩壊の危険のため、ここで敗退を決めた

結局その夜は岩陰に張ったテントで過ごしたあと、無言で下山を開始。ベースキャンプに戻ってからもけいさんは、期待が高かっただけに南東壁を登れなかった失望は大きいようで、気持ちの整理ができない様子だった。内面にある弱い自分に負けまいと必死に闘っているように見えた。

私たちのいるナムナニ南面はどこから登っても未知・未踏の世界が広がっている。敗退の無念を抱えたまま引き返したくなかった私たちは、この地でまだ新たな冒険ができると気持ちを切り替え、目標を南西稜からのナムナニ登頂に変更して再びベースキャンプを出発した。

いくつもの小ピークが連なる南西稜をたどり、

ナムナニ南東壁
に挑戦した記録

10月9日、南西稜から
ナムナニ主峰に登頂

ナムナニ山頂からは
マナサロワール湖と
カイラスが見えた

下山後は山盛りの餃子と
ビールで祝杯

まず未踏のナムナニ南峰（七四二二メートル）に登頂。さらに雪壁をつないで主峰に向かう。チベットの乾燥した風が冷たく、ラッセルもつらくて苦しいが、景色は最高だった。二〇〇八年に登ったインドのカメット南東壁の私たちのラインまでくっきりと見えた。さらに頂上稜線に上がった瞬間、聖山カイラスとマナサロワール湖が目の前に広がった。そしてその稜線は小さなピラミッドのような頂を最後に終わっていた。ベースキャンプを出て五日後のことだった。

私たちはここまでの道のりと、この二年間を振り返っていた。再起まで時間はかかったが、二人でこの頂に立てたことに感謝し、カイラスに手を合わせた。その後、私たちは西面に縦走し、この冒険を締めくくった。

二〇一二年のシスパーレ

目標の南東壁は登れなかったものの別の未踏ルートからのナムナニ登攀によって、アマ・ダブタムでの失意の出来事からようやく立ち直りかけ、次の山が考えられるようになってくると、またシスパーレが視野に入ってきた。私にとってシスパーレは、初めてのフンザの旅以来、人生をかけて登る価値のある山としていつも頭の片隅にあったのだった。

未踏の南面からナムナニに登頂した記録

じつはシスパーレには、二〇〇七年に最初の挑戦をしている。二〇〇五年のシブリンでの凍傷で足の指の一部を失ったため、二〇〇六年は体調回復のため登山を休止し、チベットを自転車で横断する旅に出た。その翌年、やっと山のフィールドに戻ることができたとき、己の登山の原点を見つめ直すなかで「夢のファイル」から選んだのがシスパーレだった。

パートナーは、前年の二〇〇六年に日本人女性初のK2登頂者となった小松由佳。大学時代、私が三年生だったときの一年生で、山岳部の先輩、後輩という関係である。

この山行ではダイレクトのかっこいいラインから北東壁を登りたいと、私はいつも以上に意気込んでいた。苦労してパスー氷河のアイスフォールを突破して北東壁の基部へと向かう。しかし、近づくにつれてダイレクトルートが容易でないことがわかってきた。足元の雪は股下深くまですかすかの雪質で、バイルのピックがどこにも引っかからない。雪の状態があまりに悪く、またどこを登ってもセラック崩壊の危険もあった。小松の「登るより、生きて帰りたい」との訴えで敗退を決める。山頂まで高低差にして一五〇〇メートル以上を残した地点だった。

のちに小松はこう綴っている。〈私の少ない経験の中ではあるが、いままで多少の困難を克服してきたつもりでいるが、ここは違った。選択できるルートはたった一つしかないが、そのルー

シスパーレ北東壁 2007

トレッキング中のパトゥンダスからは山の全景が見渡せた

—登頂履歴—

1974年に西ドイツ＝ポーランド合同隊（J. クルチャプ隊長ら14人）がパスー氷河から東支稜を登ってプラトーに達し初登頂した。

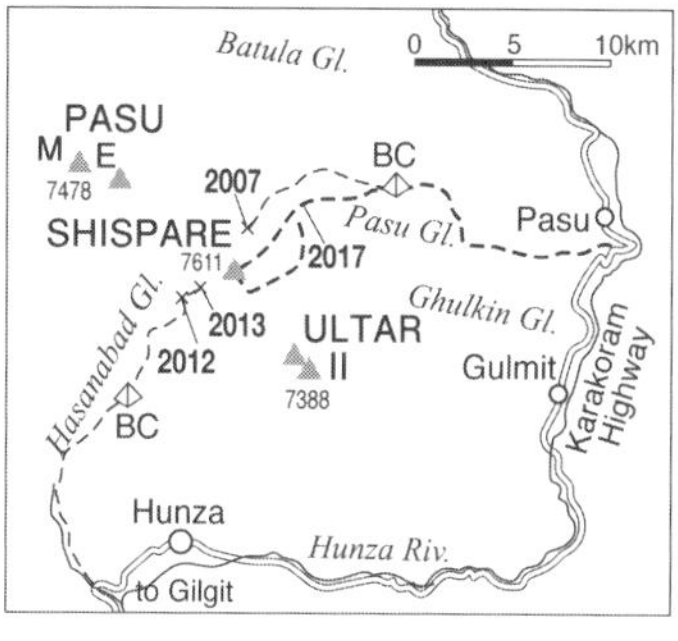

2007年のシスパーレ挑戦は、
東海大学山岳部の後輩、
小松由佳とともに北東壁に向かうも
6000 m地点にて敗退する

パスー氷河のアイスフォールは
クレバスだらけで最悪だった

シスパーレ山頂まではまだまだ長く
険しい道のりだった

トに鋭く細く懸垂氷河がぶら下がっていて危険極まりない。大げさになるかもしれないが、人生の分岐点になると感じた。こんな思いは初めてで、自分自身にビックリもした〉

そのときの私はすぐには敗退を受け入れられなかったが、あとになって考えれば、勝算のない登山だった。対する山と己の力との大きなギャップを客観視できていなかったのだから。

二〇一二年にあらためてシスパーレに登ろうと考えたのは、一回目の敗退のあとに未踏ルートからいくつかの山に登り、五年前とは違うチャレンジができるのではないかという期待と自信が湧き上がってきたからだ。

八月にまず天山山脈にあるハン・テングリ（七〇一〇メートル）を高度順応で登り、翌月にシスパーレの未踏の南西壁にラインを引く計画を立てた。どちらもパートナーは明治大学山岳部ＯＢで五つ年下の三戸呂拓也である。

三戸呂とは、二〇〇八年の秋に彼がチベットのクーラ・カンリに行くというので相談に乗ったことがあり、そのときからの付き合いだ。私はこの山の東峰に二〇〇一年、大学山岳部ＯＢの登山隊で登頂しており、詳しい情報が載っている登山報告書を彼に貸したりもした。

彼がクーラ・カンリにいたとき、私はインドのカメットにいた。期間中にヒマラヤ全体を覆う

1度目の
シスパーレ登山
(2007)

シスパーレ南西壁 2012/2013

2019 年、ラカポシ山頂から見たシスパーレ南西壁

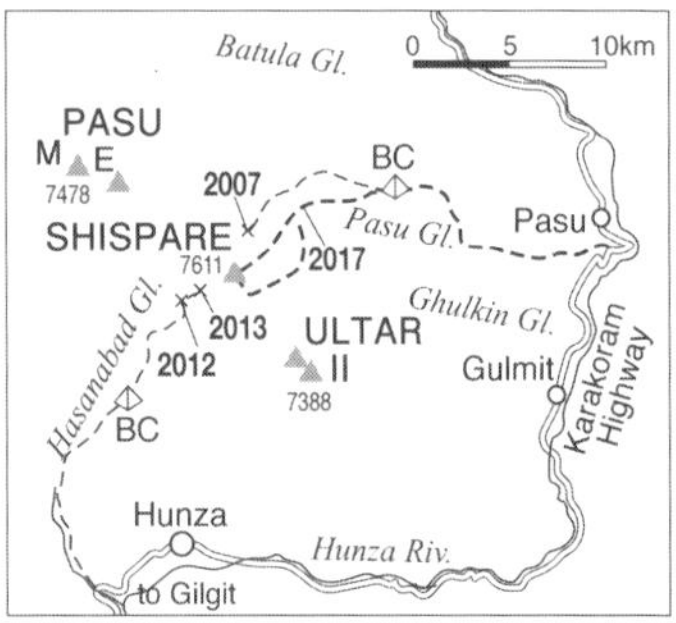

2012年、二度目のシスパーレ挑戦。チリ雪崩の中を登る

ような大雪が降り、クーラ・カンリで雪崩のため登山隊の有力なメンバー三人が亡くなる事故が起きた。三戸呂にとっては苦いヒマラヤデビューとなってしまった。私は彼のことを、やる気も体力もあり、大きく育つにちがいない若手登山家の一人と目していたので、そんな彼を励ましたいという思いもあり、声をかけたのだった。

二回目のシスパーレは、一回目に挑戦した北東面ではなく反対側の南西壁に目をつけていたので、新たな山に向かう感覚だった。何年も前からこの壁のことを調べていたが、高低差三〇〇〇メートル以上ある大きな壁が手つかずのまま残されているということだけしか情報がなか

2012年シスパーレ南西壁最終キャンプの5350メートルにて、パートナーの三戸呂拓也と敗退を決めた

った。この情報の少なさが私をわくわくさせた。インターネットで簡単にいくらでも情報が手に入る時代だからこそ、かえって情報のない世界に魅力を感じるのである。

しかし、シスパーレはそう簡単には登らせてくれなかった。困難なミックス壁（岩と氷が混在する壁）をじりじりと克服しながらも、不安定な天候から降りつづく大雪を五三五〇メートルのテントで耐えた翌朝、撤退を決めて「生きて帰ろう」と三戸呂に伝えた。かつては「命を賭ければ登れない山なんてない」と考えていた。いまは「命を賭けても登れないこともある」——そう吹っ切れるようになった自分に成長を感じた。この敗退は、彼にも大きな経験になったはずだ。「また挑戦したい」と三戸呂は言った。そしてシスパーレは私にとって、「人間として、登山家として何が足りないのか？」を教えてくれる物差しのような存在になっていることに気づいた。

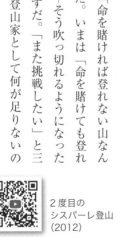

2度目の
シスパーレ登山
(2012)

正面には雲海の上にラカポシが朝日に照らされて聳えていた。

狂いだした歯車

翌二〇一三年、シスパーレを諦められない私は三回目の計画を立てた。フンザの山、ディラン（七二六八メートル）で高度順応登山を行なったあと、再度シスパーレ南西壁にトライするのだ。パートナーにけいさんを誘った。

ディランは、北杜夫が一九六五年に京都の登山隊の医師として参加した体験に基づく小説『白きたおやかな峰』の舞台になった山である。小説を読み進めながらベースキャンプへ向かう。あの高みでいったい何が起きたのだろう？　彼らはどんな景色を見たのだろう？　そんなにも雪は深かったのか？　さまざまな想像が膨らんだものだ。

地元ミナピン村の人たちはディランを「第二の魔の山」と言っていた。「魔の山」といえば遭難の多いナンガ・パルバットだが、それに負けないくらい危険な山ということだろうか。実際、頂上直下での敗退や行方不明という記録が目立つ。

ベースキャンプは草原にお花畑が広がり、近くに小川が流れる平和な場所だった。裏山で高度

お花畑が広がるディランのベースキャンプ近くで

順応をすませると、さっそくサミットプッシュへと出発。その道程はたしかに苦労の連続だった。懸垂氷河地帯のルートファインディングに右往左往させられ、クレバスへの墜落やセラックの崩壊の恐怖と闘い、さらには長い長い西稜の登高と頂上直下の氷壁——。

それでも入山してわずか七日目、最後の岩と氷と雪の壁を抜けて「第二の魔の山」の頂上に立った。本番前の準備としては上出来だ。頂上には素晴らしい景色が待っていた。はるか眼下に巨大な氷河のうねりが見える。カラコルムの山々がどこまでも峰を連ねていたが、次にめざすシスパーレは雲の帯にそのすがたを隠していた。

早々にベースキャンプを撤収し、ミナピン村のロッジへ下山する。入山前にロッジのオーナーに山頂の石をお願いされていたのを忘れてしまったので、下山中に氷河で磨かれた真っ白な石を拾い、「Diran　白きたおやかな峰」と書いたその下に登頂日と二人のサインをしてロッジに置いてきた。

ディラン西稜 2013

花咲くベースキャンプから見たディラン峰

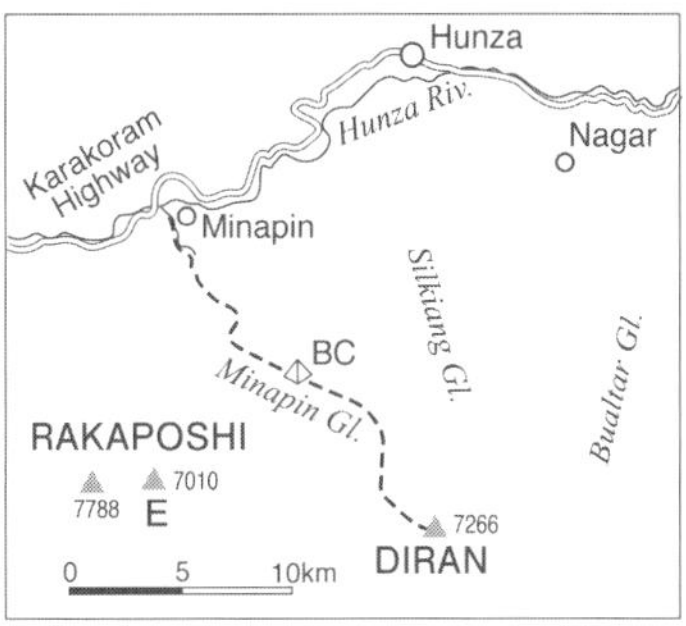

―登頂履歴―
1968年にオーストリア隊が北面にルートを取り初登頂した。

天気が回復し、ディランに登頂できた

氷河で拾った白い石にサインをしてロッジのオーナーにプレゼントした

フンザで野菜などの食料の補充をして、いよいよ本番、シスパーレが始まる。

シスパーレのベースキャンプはハサナバード氷河奥の緑の台地に設営した。ここは前年のBC

ディラン登山

より少し手前で、めざす壁がよく見える場所だった。しかし三五〇〇メートルと標高が低く、頂上まで四〇〇〇メートルもの標高差がある。その頂はいつも雲のベールに身を包み、美しいすがたをなかなか見せてくれず、雨が降りつづいていた。

一週間降った雨がやんだ日、ベースキャンプを出発した。すでにディランで高度順応はできている。中間部のミックス壁では、前年に私がルートを延ばしたラインをけいさんがトップで生き生きと登っていく。

前年の最高到達地点の五三五〇メートルを越えて前進するが、登るにつれて目の当たりにしたのはまたしても、無情にも頭上にセラックが立ちはだかる光景だった。いつ崩壊するかしないかなんてだれにもわからない、まさにロシアン・ルーレット。前年からたった三五〇メートルしか標高を上げられないまま五七〇〇メートル地点で撤退を決めた。

しかしこれは、単なるセラックだけに起因する敗退ではなかった。ディランではそれまで同様にいい登山ができたが、シスパーレではけいさんとのパートナーシップのすべてがかみ合わなかった。原因は明らかだった。私がシスパーレには三回目、南西壁には二回目の挑戦ということもあり、初めてのけいさんと同じ目線でこの山を見ることができなかったのだ。

〝自分の人生で登れない山がひとつぐらいあってもいいのでは〟

絶望感のなかで、こんな思いが去来した。もうこれ以上シスパーレに挑戦することはないだろう。そう思いながらベースキャンプを後にした。山を振り返ることもなかった。私たちはもう同じ目線で山へ向かえないのでは。そんな懸念が生まれてきた。もしかしたらけいさんも同じことを感じていたかもしれない。

この二〇一三年のシスパーレが、けいさんとの最後の山行になった。

その前からパートナー解消の兆候はあった。先述した二〇一一年のナムナニだ。未踏の南東壁を六〇〇〇メートルほど登ったところで、セラックが真上にあるのがわかった。ルートの弱点を突いていったら、セラックの真下に出てしまったのだった。私たちはセラック崩落の直撃を受ける位置にいた。それに気づいた瞬間、私は即座に敗退の判断をした。「これは無理だ、いますぐ戻ろう」。ところが、予想外のことばが返ってきた。

「私はまだまだ粘れるし、登れる可能性があるから、きょうはここに泊まりたい」

「でも、ここに雪の塊が落ちてきたらぼくらにもろに当たって、雪崩に巻き込まれて死んじゃうよね」

山では、どちらかが納得できないままでは前進も後退もできない。進むか退くか、どちらの選

3度目の
シスパーレ
(2013)

結局登り切ることはできなかったシスパーレ南西壁。山頂へはまだまだ長い道のりを感じた

シスパーレ最高到達地点（＝敗退地点）で、それぞれがやりきれない想いで残されたラインを見る。これがけいさんとの最後の山行になってしまった

択肢を選ぶにせよ、互いが心の底から納得しなければならない。その日は、岩陰にテントを張って一晩過ごした。翌日になって彼女は、どうにか私の撤退案を聞き入れてくれたが、悶々とした思いを抱えているのが見て取れた。

これ以前に二〇〇九年のチベットのガウリシャンカール南峰（七〇一〇メートル）でも敗退を経験しているが、そのときはナムナニとまったく違っていた。私が最終ピッチにロープを延ばしたものの頂上への突破口を見出せず、「これ以上は登れない」と判断してけいさんにそう伝えると、

「あー、だめか。じゃあ戻ろう」

彼女は私が行き詰まった箇所を見ていないのに、「彼が登れないのだったら私も登れないし、彼が落ちるのだったら私も落ちるだろう」――。そんな感じで私の決断を快く、あっさり受け入れてくれたのだった。おかしな言い方かもしれないが、まるで登頂したかのようなとても晴れやかな、気持ちのいい敗退だった。

そのガウリシャンカールから二年、山との向き合い方にいつしか食い違いが生じていた。

ナムナニで狂いだした歯車は、この二〇一三年のシスパーレで決定的になる。

私はシスパーレをそのときまでに二回経験し、場数を踏んでいるので「あっちはだめだ」とす

ぐ答えが出てしまう。彼女はそれが納得できない。彼女にとってシスパーレは初めての未知の世界だから、わくわくして「あっちはどうかな、こっちは？」と彼女なりにルートを考えているのに、私から頭ごなしに否定されているように感じたのかもしれない。

敗退して戻ったベースキャンプにはもう、のどかな時間はなくなっていた。「七六〇〇メートル近くある山なのに五七〇〇メートルぐらいしか行けなかったのはすごくふがいないなあと思って、なかなか降りる決断ができなかった」とこぼすその口調は、明らかに私の判断を責める冷ややかなものだった。そして一方的に思ったことを私にぶつけてきたが、私は本心を出すことができず、萎縮するしかなかった。クライミングのことだけでなく、日常の些細なことについても苦言してきた。出会って一緒に登山するようになって約一〇年。同じ目線だったからパーティーを組めた。ところがいまやそれぞれの成長の過程のなかで、同じ山を見ても前と同じようには見られなくなっていた。

いつかはこんな日がくるだろうとの予感はあった。それが現実のものになってみると、揺るぎない土台の上に積み上げてきたつもりでいたパートナーシップや経験が、じつは微妙なバランスで成り立っていたということに気がついた。醸成してきたこれまでの時間は長かったが、壊れるのは一瞬だった。

その後はそれぞれの気持ちの赴く方向に進んだ。二〇一五年に誘った西ネパールのアピ遠征は断られてしまい、彼女は大好きなアラスカの山へほかの仲間と登りにいった。それでも、ほかのパートナーとも登りながらそこで得たものを互いに持ち寄り、また同じ目線で山が見えるときが来たら新たな気持ちで再び一緒に登れるかもしれないという淡い期待をしていた。しかし、けいさんは二〇一五年の師走に北海道の山で遭難してしまい、それはかなわぬ夢となってしまった。もう未来の山を共有するチャンスが永遠にないことが、なにより悲しかった。

新たなパートナー

私はこれまで自分中心の登山をしてきたが、そろそろバトンを渡す次の世代のクライマーを探しはじめてもいた。そんなときに出会ったのが五歳年下の中島健郎だった。彼のうわさを初めて聞いたのはけいさんからだった。「センスのいい有望な若手がいる、けれど危なっかしいところがある」と。

初めて顔を合わせたのは、彼が関西から二〇〇八年に就職で東京にやってきたころだった。彼が勤めるツアー会社のオフィスであいさつを受けた。これがうわさの中島健郎か――。とんがったところのない、やわらかな印象の青年だと思った。

最初に彼と行動を共にすることになったのは、二〇一四年秋にミャンマー最高峰のカカボラジ（五八八一メートル）の頂をめざしたＮＨＫスペシャルの番組の企画でだった（二〇一五年放送の「幻の山カカボラジ　アジア最後の秘境を行く」）。ベテラン登山家の倉岡裕之さんと三人で、ミャンマーの密林を歩いた末に山頂をめざす行動は二カ月に及んだ。長く一緒に生活したので彼の性格などを少しは理解することができた。若くて体力があり、たしかに登山センスもありそうだ。残念ながら登頂はできなかったが、ジャングルを一カ月ほど歩くアプローチとカカボラジの未踏ルートを右往左往した時間はお互いにいい思い出になった。

しかし、彼のことで気になったのは、どこか危なっかしい感じがすることだった。道中、それまでの登山経験をいろいろ聞いてみると、何度も危ない目に遭っている。実際に彼の登り方を見ていると、どんなところでも登れる気がするのだろう、多少のリスクはお構いなし。無鉄砲で、自信家で、自分がトップでロープを延ばしていかないと気がすまないような雰囲気を放っていた。まるで一〇年前の自分を見ているかのようだった。彼と組む相手が慎重であればいいが、果敢に攻めるパートナーだったら死んでしまうのではないかと心配だった。私の持っている、山で生き延びる術を伝えたいというか、学んでほしいと思った。もうこれ以上、山で友人に死んでほしくないと思ったからだ。

その健郎と、二〇一六年一月に中国四川省でのアイスクライミングを予定していた。だが、その直前にけいさんの死に直面し、私は呆然自失の状態だった。しばらくしてから、彼が「とりあえず、行きましょうよ」と声をかけてくれた。そうだな、けいさんのことがいくらかでも気がまぎれるかもしれないし、登るかどうかは行ってから決めればいい。そう思い直して四川省に向かった。

中島健郎と初めて２人での海外登山に行く。四川省にて

現地で氷を前にすると、怖くてしかたがなかった。手足が震えてまともに力が入らない。「このアイスバイルのピックの刺さっている氷柱が崩壊したり、アイゼンの前爪を乗せている氷が割れたりしたら」と考えると、これまで信用してきたものすべてがあやふやに思えてきた。

気分転換にと、谷の最奥地にあるアビ山に登りにいくことになった。山頂に一歩一歩向かうことで、多少なりとも心が晴れやかになるかと考えた。山中で一泊する予定で、重いザックを車に乗せ、谷のいちばん奥まで現地の人に送ってもらった。山の全景を目にすると、とくに難しいところのなさそうな大きな雪の山だった。

恐怖で手と足が震える。山が怖くてしかたがない

一日中ラッセルして歩いていくと、チベット文化の象徴であるタルチョ（チベット仏教の経文を書いた小旗のようなもの）がはためく大きな祭壇があった。私たちはその横にテントを張り、翌日に備えた。その日の行程を振り返り、いまの私にはテクニカルなクライミングより、汗を流しながら山の懐深くへと入っていくことのほうが合っていると感じ、あらためて来てよかったと思った。

翌日は未明から歩き出したが、山頂へ続く最後の雪面が雪崩れそうで嫌な予感がした。健郎にそう話すとやはり彼も同じことを考えていたようで、早々に下山

アビ山が朝日に染まる

けいさんの死を受け入れられない私は、ため込んだ気持ちをこのとき初めて少し言葉にした

することにした。登頂はできなかったものの、それでも久しぶりに高い場所から周囲の山々を遠望することで、心のもやに少し晴れ間が差してきたようだった。

キャンプ地に戻ると、対岸の尾根からちょうど日が昇る時間だった。テントの横でタルチョが幻想的にはためいているのを見て、けいさんが亡くなってちょうど一カ月だと気づいた。私は彼女の死がただただ悲しく、つらく、悔しかったが、それらの思いを文字に残すことはしなかった。だがこのいま、けいさんへの思いを語り残したいと思った。私は健郎から少し離れたところで、いまの正直な気持ちをカメラに向かって話しはじめた。

「けいさん……」

とたんに、さまざまな感情が込み上げてきた。いまヒマラヤの東に登山をしにやってきたけど山が怖くてしかたがないこと。これまで一緒に山でいっぱい感動して成長してきたけど、それがもうできないのが悲しいこと。これからどうしたらいいのかわからないこと――。

それらを口にすると涙を抑えきれなかった。しかし、ため込んでいた気持ちを吐き出すことによって、彼女の死を受け入れ、また少し上を向けるようになった気がする自分がそこにいた。登れなかったアビ山は背後で朝日に染まり、新しい一日を告げていた。

ルンポ・カンリ

その秋、私は健郎とチベットのルンポ・カンリ（七〇九五メートル）の未踏の北壁に挑戦した。春にエベレスト（チョモランマ）のチベット側を撮影するために車移動しているときに偶然、地図から見つけた山だ。ラサから西方七〇〇キロに位置するカンティセ山脈の最高峰で、健郎に調べてもらうと、「一九九四年春に日本ヒマラヤ協会隊が北東稜から挑戦したが、六二〇〇メートルで断念。二年後の秋に中国＝韓国合同隊が同じ北東稜から初登頂している。カイラスへの主要な公路から見える山だが、いまだ第二登の記録はない」とのことだった。

いまどき七〇〇〇メートルの未踏峰がそうあるはずはないとわかっていたが、北東稜からの初登頂以来、第二登がないということは、壁はすべて未踏ということになる。

九月に、この年二度目のチベットに向かった。このときはとくに資金不足で、コックが雇えなかった。仕方なく自炊生活のためにラサで圧力鍋と中華鍋を買い、ガスコンロと生鮮野菜、調味料などを車での移動中に買い揃えた。最後は未舗装のダート道になり、川を渡り、丘を越えて終点の村に着いた。ここからベースキャンプへの移動手段をチベット登山協会のスタッフに託したところ、「いつもならヤクとかロバを使うのだが、いまなら二輪のバイクで行ける」とのこと。荒涼とした広い大地ならではだな、と思った。

その村の若者が数人、自慢のバイクで集まった。二週間ほどの食料と燃料、そして登山道具を荷台にくくり付け、私たちもバイクにまたがって走ること一時間。ルンポ・カンリの山頂が見え、近くに川のある平らな草むらをベースキャンプとした。

ベースキャンプに入ってからは比較的天候がよく、目標の北壁と下降路の偵察は入山五日目に終わった。天気予報によれば三日後の午後から風が強く、しばらく大荒れになるとのこと。好天が続いていたため壁はしっかり凍っており、コンディションは間違いなくいいはずだ。ＢＣに入って一週間でアタックとなった。

初日は氷河湖の横を進み、プラトーから北壁に取り付いた。しばらくは急な雪壁が続くが状態は悪くなく、雪崩の心配もなかった。六七六〇メートルでビバーク。翌日は北壁の残りを終え、頂上稜線から張り出た雪庇を乗っ越すと、そこにはチベット高原の広大な景色が広がっていた。あとは山頂までの緩やかな稜線をたどるだけだった。さらに北東稜から偵察時に途中まで登った北稜を経由して、一気にベースキャンプに下った。ＢＣ入りから撤収まで一〇日間の登山だった。

ルンポ・カンリ北壁 2016

ベースキャンプ近くから見たルンポ・カンリ北壁

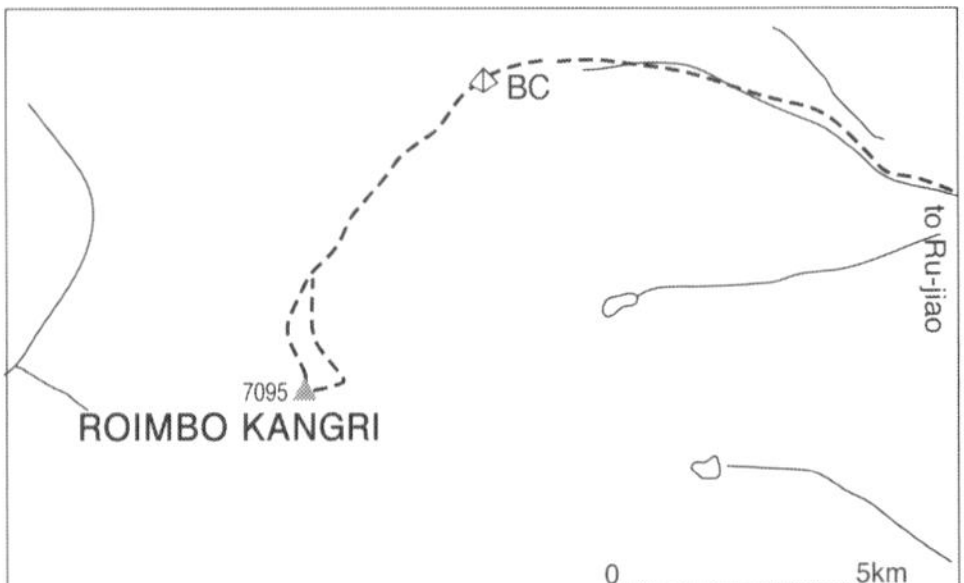

—登頂履歴—

1996 秋に中国＝韓国合同隊が北東稜から初登頂した。

ルンポ・カンリ
ベースキャンプまでは
バイク野郎が
連れていってくれた

自炊生活のベースキャンプ

ルンポ・カンリ
中島と初めて
ヒマラヤの頂に立った

チベット、ラサのポタラ宮からルンポ・カンリの旅は始まった

ルンポ・カンリでの登山は、健郎とのパートナーシップのさらなる可能性を感じさせるものだった。その帰途、私はある答えにたどり着いていた。一度は諦めたあのシスパーレにまた帰ることが、けいさんのためにも、自分のためにも必要なのだと。私は健郎に「一緒にシスパーレに行ってくれないか」と、スマホで山の写真を見せた。

「すごくかっこいい山ですね。こんな山は登りたくなる」

それが健郎の答えだった。

四回目のシスパーレは人生をかけた挑戦になると、気が引き締まる思いだった。

ルンポ・カンリ
登山

谷口けいさんのこと

頼れるパートナー

「一生に一人か二人か、出会えればいいほう」

山でのパートナーのことを、こう表現した山の先輩がいた。たしかに、いいパートナーと出会えるのは運命なのかもしれない。

私の幸運は、山のパートナーとしての谷口けいさんとめぐり会えたことだった。

私より七歳年上のけいさんと、私は二二歳のときに出会った。二〇〇四年、私の勤める石井スポーツの店舗に彼女がたまたまやってきたときだった。いろいろ話しているうちに、未踏峰、未踏ルートに憧れ、挑戦する方向性に意気投合。その年にさっそくスパンティークとライラ・ピーク、翌二〇〇五年には八月にムスターグ・アタ、十月にシブリンに登頂し、パートナーとしての絆を深めていった。

けいさんは引き算ではなく、足し算をする考え方ができる大人の女性だった。できないこ

けいさんと初めてのヒマラヤ遠征となったスパンティークのキャンプ地にて

とにあれこれ悩むより、できる方法を見つけることに懸命だった。けいさんとなら一足す一が二ではなく、三にも四にもなる気がしたし、自分一人だけでは限界があることも二人三脚だからこそ越えられた経験はいくつもあった。

そんなけいさんに助けられながら、一〇年にわたって一緒に登山をした。私が登りたい山のアイデアを伝えると、一瞬で私の夢を乗っ取り、まるで自分の夢だったかのようにその山のことを話し出すけいさん。私がまだ無理だと躊躇していた山も、けいさんに話すと「そんなのやってみないとわからないよ」と、二倍も三倍も大きな夢にして私に返してくれた。

登山用品店で働きながら、プロとしての山岳カメラマンへの道に悩んでいたときに後押ししてくれたのもけいさんだった。「やりたいことがあるんだったら、やればいいじゃない」。そのことばは、まさに彼女の人生を築き上げてきた哲学そのものだった。けいさんが背中を押してくれなかったら、いまのアスリートカメラマンとしての私はなかっただろう。

私はヒマラヤ、けいさんはアラスカと、同じころに海外登山を始め、同じようにステップアップしてきたからか、二人して山を見たとき、ルートやタクティクスなどで同じイメージを共有できた。そして登山全体はけいさんが目配りをし、クライミングの技術的なところは私が引っ張る役割になっていた。

私はテントの中で心が折れることがよくあった。何日も降雪が続いたりすると、もう無理なんじゃないかと弱音を吐いたりした。でも、けいさんはいつだって前向きだった。けいさんという頼れる人がいたから安心して心が折れ、弱音を吐くことができたのだと思う。でも、テントを出ていったん登りはじめると私のほうが積極的にがんがん攻め、けいさんは抑え役に回るのだったが。

そうやってお互いの欠けがちなところをさりげなく補い合うことができれば、一緒に山を登ることができる。パートナーは、その挑戦を一緒にしたいと思える相手かどうかで決まってくる。それになんといっても、ヒマラヤの高峰を未踏ルートからアルパインスタイルで登るという最終目標を共有していたからこそ、私たちはパートナーとしての絆を強固なものにしていったのだった。

でも、いつも二人で登っていたわけではない。だいたい年に一回の遠征のあいだにもお互い、ほかのパートナーとも多くの山を登り、そこで体験して有効と思った技術を持ち寄って私たちの総合力を上げていった。再会してみればまたひと回り大きくなっているお互いに刺激を受けたりしながら成長していったのだ。

突然の別れ

二〇一五年のクリスマスが近づいてきたその日、私は田中陽希氏が出演するＮＨＫ「グレートトラバース　二百名山一筆書き」という番組の撮影クルーとして九州の宮崎にいた。プロジェクトは北海道をスタートして二〇〇日を超え、鹿児島の佐多岬の最終ゴールまであと一週間ほどに迫った十二月二十一日、宮崎でのロケを終えて夕方、宿に着いたときに電話が入った。「谷口けいさんが北海道の黒岳で遭難した」と。

わが耳を疑った。とうてい信じることができなかった。夜になると、テレビのニュースがそのことを伝えていた。ニュースでは「行方不明」とのことで、詳しいことはそれ以上わからなかった。現実を受け止められず、ひたすら何かの間違いであってほしいと願うしかなかった。けいさんともあろう者が、あんなところで死ぬはずはない。なんとか生き延びているはずだと信じようとした。きっとどこかでビバークして、翌朝ひょっこり出てくるのではないか。これまでの彼女の経験からしても、雪山の過酷な状況のなかでも一晩や二晩、生き抜くことぐらいはたやすいはずだ。

眠れないままに明け方を迎えた。すると、その後、死亡が確認されたとの続報が山仲間から届いた。涙が溢れ出て止まらなかった。われに返ると、プロとして撮影の仕事を全うしなければという思いと、けいさんと最後のお別れをしなければという思いが交錯した。

私は現場ディレクターと田中陽希氏に事情を説明し、告別式と葬儀に参列したい旨を伝えた。そしてまた必ず戻ってくることを約束し、東京に向かった。

道中、けいさんがかつて私に笑いながら言ったことばを思い出していた。

「もし私が死んだらユリの花をいっぱいにして見送ってね」

もちろん、そのときは笑って聞き流していたが、ほんとうにそんなときが来るのだろうか、来てしまったらどうしようと考えたりもしていた。それがいま現実になってしまった。

私にとって唯一無二のパートナーだった谷口けいさん

千葉の我孫子の近くにある斎場での通夜、葬儀に参列し、東京で三日間過ごしたあと「グレートトラバース」の撮影の現場に戻った。田中氏が多くの人から祝福されながら佐多岬にゴールする場面をカメラにしっかり収め、プロとしての仕事をおろそかにしないで済んだ。

けいさんは「四〇歳までは吸収する人生で、四〇歳からは還元する人生でありたい」とよく言っていた。私より七年早く四〇歳を迎えたけいさんは、女子大生を指導する立場で二〇一四年にムスタンの未踏峰マンセイル（六二四二メートル）に行ったり、断りつづけてきたパタゴニアのアンバサダーになったりと、それまではしてこなかったことにもエネルギーを注いでいた。

そして二〇一四年ころから、かねてから八ヶ岳の麓で生活したいといっていたとおり、山梨県の北杜市に気に入った古民家を見つけて生活を始めた。その後、けいさんの動向は友人知人を介して折にふれて入ってはきたが、よくは知らなかった。ただ、長年望んでいた田舎での生活をいままで以上にのびのび楽しんでいるのだろうと容易に想像ができた。

それがまさか、棺に眠るけいさんと再会することになってしまうとは。

いま私の手元には、けいさんお気に入りのマグカップがひとつ残っている。

デナリにて

運命のいたずらかその後、けいさんの足跡を追いかけるような登山が続いた。

二〇一六年秋、けいさんが学生を引率して登頂した山、ムスタンのマンセイルにテレビ番組の企画で登るという仕事の依頼があった。道中には彼女が置いたのであろう道しるべのケルンがあった。また国内の取材撮影で彼女が遭難した大雪山の黒岳に行くことにもなり、滑落場所をこの目で見ることもできた。

二〇一七年初夏には彼女がいちばん好きだった山、北米最高峰のデナリに、NHKのドキュメンタリー番組「極北の冒険 デナリ大滑降」の撮影クルーとして行くことになった。アドベンチャースキーヤーの佐々木大輔氏がデナリをバリエーションルートのカシン・リッジから登り、南西壁をスキー滑降するプロジェクトである。佐々木さんの挑戦を撮影するのが仕事だが、私にはもうひとつやりたいことがあった。

五月末に入山してからすでに一カ月を越えて氷河の上での生活が続いていた。遠征も終盤になってきたころ、天候が悪化して一〇日以上ベースキャンプに停滞。登頂の最後のチャンスはあと数日しかなくなり、佐々木さんも含め多くのスタッフが今回は無理ではないかと気持ちが切れかけていた。

登山期間がもうぎりぎりになった日の夕方、霧が晴れてきてルートが視認できる状況になってきた。アラスカの夏は白夜なので行動しようとしたらいつでも開始できる。私はみなの前で言った。「一パーセントでも可能性があるのであれば、諦めないでチャンスをつかみにいきませんか」

撮影クルーとしては一線を越えた発言だが、私にこんな発言をさせたのは、ほかならぬけいさんだった。彼女も生きていたらそう言ったにちがいないと思ったからだが、私の個人的な思いもあった。今回、私のザックにはけいさんの小さな遺骨が入っていた。デナリはけいさんが初めて海外登山をした山であり、カシン・リッジにも挑戦している。そのカシン・リッジのてっぺんの雪の片隅に散骨してあげたいと、けいさんのご両親から授かってきたのだった。

佐々木さんは私のことばに耳を傾けてくれ、あきらめずに登頂の可能性を探ってくれた結果、メンバー全員でカシン・リッジを登り終えることができた。その場所で、「生きていたらまたいつか登りに来ていただろうこのカシン・リッジに、けいさんと一緒に登るチャンスをくれてありがとう」とメンバーに感謝を伝え、みなが手を合わせてくれるなか私の思いを果たすことができた。

佐々木さんはデナリの頂上から南西壁の大滑降を果たし、プロジェクトは大成功に終わった。

登山期間ぎりぎりでカシン・リッジを登り切り、所期の目的を果たすことができた

生と死の二〇一五年

二〇一五年は私にとって、生と死が交錯した一年だった。

山岳カメラマンとして私を映像の道に導いてくださった恩師の黒川隆史さんを夏に失った。黒川さんは東海大学山岳部のOBで、面倒見がよく、優しい先輩でありながら、こと山のことになるととても厳しい人でもあった。

「そんなんだったら山で死ぬぞ、お前なんて山岳部やめろ」

そう、何度言われたことか。そう言いながらも、私の登山をいつも応援してくれたのだった。

黒川さんはテレビ業界で番組制作にかかわっていて、たまに山岳ものの番組も制作していた。私は自分のヒマラヤ遠征を映像で記録しようと二〇〇五年からビデオカメラを持参するようになり、その映像を見てくれた黒川さんは、「興味があったら山岳番組を手伝ってくれないか」と声をかけてくれた。それがきっかけになって、私の山岳カメラマンとしての道が開けていった。その黒川さんが、突然の病気によってあっという間に亡くなってしまった。

黒川さんとは国内にとどまらずヒマラヤでも共に仕事をした

黒川さんへの感謝の思いは心にしっかり刻み込まれている。享年五五だった。

秋に、幾多の危機を乗り越えて無事に第一子が誕生した。妻は以前から切迫早産で安静生活だったが、出産には立ち会うつもりで三戸呂拓也、中島健郎とアピ（七一三二メートル）への遠征に出発した。無事登頂の連絡を入れたところ、返信は「予定日より一カ月も早く破水し、入院した」というものだった。数日のうちには出産予定といわれても、どうやっても帰国までは一週間以上かかる。立ち会いは諦めたものの、頻繁に連絡を入れるがまだ生まれないとのことで、まるで私の帰りを待っているかのように思えた。しかし、あしたは日本に着くというタイミングで父から無事に生まれたとの連絡が入った。タッチの差で間に合わず、早産になってしまったが、息子は無事に生まれてきてくれた。

2015年に登った西ネパールのアピの山頂にて

その一カ月後、冬の北海道の山で谷口けいさんを失った。喜びと悲しみが凝縮されたこの一年を、私は忘れることはないだろう。

第6章 二〇一七年のシスパーレ

「運命の山」シスパーレをバックに

死は決してすべての終わりではない。
肉体は失われても魂は私の心の奥底で生きつづけている。

2005年、ムスターグ・アタにて

ドキュメンタリー番組制作決まる

三〇歳台後半になってくると体力は間違いなく二〇歳のときより衰えてきてはいるものの、逆に山から生きて帰ってくる術には磨きがかかっていた。

「最後の挑戦をするのはいましかない」――。

ルンポ・カンリからの帰途、シスパーレに一緒に行ってくれないかと頼んだ中島健郎と、人生をかけた挑戦をするのだ。シスパーレが、谷口けいさんの死でいまだ壊れかけたままの私の心を修復してくれることを願いつつ――。

私は、この四度目のシスパーレへの挑戦の軌跡をドキュメンタリー番組として残すことができないかと考えた。

二〇〇八年あたりからアスリートカメラマンとしてメディアにかかわりはじめ、自分にしかできない撮影の幅を広げていた私は、田中陽希氏の番組「グレートトラバース」にＮＨＫの撮影クルーとして参加させてもらった関係で、番組プロデューサーと懇意になった。さっそく相談したところ、局内ではパキスタンの政情不安定がネックになったようだが最後まで粘ってくださり、正式に番組が制作できるところまで漕ぎつけてくれた。制作スタッフとして、私は制作会社のディレクターである和田萌さんに同行をお願いした。

和田さんとは、二〇〇九年にけいさんとガウリシャンカールに行くネパールへの飛行機の中で初めてお会いした。アジアの国々の若者を紹介する番組で、ネパールのエベレスト街道で取材するとのことだった。数日後、カトマンズで夕食を共にするなかで、和田さんはけいさんの考えや生き方に共感し、けいさんを取り上げる番組の企画を立てて本人に何度もオファーしたが、残念ながらけいさんは首を縦に振ることはなく実現しなかった。

私が和田さんに再会したのは二〇一〇年夏、けいさんが春の山スキー中に前十字靭帯を断裂し、入院していた都内の病院に見舞いに行ったときだった。和田さんは、リハビリするけいさんの姿をこれから記録させてもらうのだと言っていた。それを聞いて、けいさんは信頼できる人として和田さんに心を開いたのだと思った。

彼女ならば今回のプロジェクトに愛情を持って立ち向かってくれるにちがいない。七年ぶりに連絡を取ってみると、彼女もけいさんの死を深く悼んでいた。そしてけいさんの番組を作るのがかなわぬ夢となったことを残念に思っていたこともあり、私のお願いを快諾してくれた。

いよいよプロジェクトが始動し、和田さんと都内で初めて打ち合わせをしたとき、「覚悟はありますか？」と私は尋ねてみた。これから私たちがすることは、生きて帰ってこられなくなるかもしれない挑戦だ。もしそうなった場合、和田さんは心に深いダメージを負ってしまうことになる。和田さんは困惑していた。私は愚かな問いをしたと後悔した。私から仕事をお願いしておきながら、そんな覚悟を求めていいはずはなかった。

寺沢玲子さんの提案で、これまで遠征前には必ず隊員の家族や関係者が集まる食事会を持ってきた。遠征中の事故に備え、顔の見える関係を築いておくことが目的だ。そのかいあって、私は健郎を見るとその背後に彼の奥さんや子供の顔が浮かぶようになった。健郎も私の背後に私の家族の顔が見えているだろうか。見えていてほしい。

「そろそろ会いにいこう」

二〇一七年七月十七日、私、健郎、和田さんはパキスタンのイスラマバードへと出発。さらに早朝のイスラマバードを車で発ち、通い慣れたカラコルム・ハイウェイを北上していく。フンザまでは二日間の行程だ。

フンザに着く前に行きたいところがあった。二〇一三年にけいさんとディランに登った際、お世話になったミナピン村のロッジの主人に、二人のサインをした石を記念に残してきたのだが、その石をもう一度見たくなったのだ。ロッジの主人は久しぶりの再会を喜んでくれた。私はディランを一緒に登ったパートナーが山で亡くなってしまったことを伝え、あの白い石を見せてもらえないだろうかとお願いした。その石は主人によって大切に保管されていた。少し黒ずんでいたが、それは間違いなくけいさんが生きていた証だった。

四年ぶりのフンザの村は、変わらぬたたずまいで私たちを迎えてくれた。

フンザの谷の朝は、氷河の山々によって冷やされた空気で凍りついている。しかし朝日が谷に入った瞬間から、人間、動物、植物などすべてに命が与えられて谷が息づく。私も、また新しい命を授かったかのように目を覚まし、いつものようにランニングで一日を始める。村を歩けば、「お帰り、久しぶり」と懐かしい顔、顔、顔。「お茶を飲んでいけ」の声が飛ぶ。

初めてフンザに来たときに友達になり、けいさんとも面識のあるカリーム兄弟が経営している登山用品店に向かった。私との再会を喜んだが、いつも横にいたけいさんがいないことに気づき質問してきた。日本の山での死を伝えると、お兄さんが奥から一足の古い靴を持ってきた。二〇

再訪した
ミナピン村にて

一三年のシスパーレ登山後にけいさんがプレゼントした高所靴だった。〈ＫＥＩ〉という文字もまだはっきり見える。そして、彼はこの靴でその後、ブロード・ピークなど八〇〇〇メートル峰二座に登ったと教えてくれた。日本から遠く離れたこの場所でも、けいさんがそういうかたちで生きつづけていることを知って私はとてもうれしかった。

　ここまで来ればシスパーレはもうすぐそこ。ウルタルの背後に、いつものように変わらず聳えているはずだ。美しい山、私の人生でもっとも大切な山――。

「そろそろ会いにいこう」

　わずかな滞在のあと、私たちはフンザからさらに北上していく。今回はどんな登山になるだろうか。いよいよ始まる四回目のシスパーレだが、気持ちは落ち着いていた。こんな心静かな入山は初めてだ。

　翌朝、パスー村でカラコルム・ハイウェイとお別れしてオフロード車に乗り換える。ボリット湖を越えた先の終点には三〇人ほどのポーターが集まっていた。トレッキング開始だ。

　初日のトレッキングは白く輝くパスー氷河を横断してキャンプ地まで、五時間半ほどの行程である。途中の小屋でポーターが手際よく薪で火を熾し、ミルクティーを作ってくれた。ポーター

けいさんの靴と
奇跡の再会

シスパーレと再会し、４回目の挑戦がいよいよ始まる

たちは親指大ぐらいのピンク色の岩塩をかき混ぜながら溶かして飲んでいる。疲れているときには、しょっぱいミルクティーが体に沁みる。さらに、パスー氷河をポーターたちの巧みなルートファインディングで進んでいると、氷河の途中で突然ポーターたちが踊りだした。私もその輪の中に入って見様見真似で体を動かす。氷河を無事に横断すると草原が広がっており、そこに初日のテントを張る。あしたはいよいよシスパーレとの再会だ。

翌日は途中からシスパーレの頭が見えだし、尾根まで上がると視界が一気に広がった。天を刺すような鋭い頂のシスパーレの全景が見渡せた。二〇一三年以来の再会だ。健郎は初めて見るシスパーレの壁に目を奪われている。

七月二十六日、ベースキャンプ地に到着。花の絨毯が広がる標高四〇〇〇メートルの草原だ。さっそく大きなダイニングテントを設営し、私は自分の家族とけいさんの写真をよく見える場所に貼った。よく晴れた気持ちのいい日だった。

翌朝は早くに目が覚めた。カメラを手に、健郎と山頂からオレンジ色に染まっていくシスパーレの朝焼けを見た。私は健郎にこの神々しい姿を見せたかった。私がこの山に人生をかけて登りたい理由を少しでもわかってもらえると思ったからだ。数日間はベースキャンプで過ごし、北東壁のよく見える丘の上でルートの偵察を繰り返す。

今回はたとえ私のめざす未踏のラインから登れなくても、最終的には一九七四年に西ドイツ＝ポーランド隊が初登し、一九九四年に菰野山岳会が第二登した東稜からでも確実に山頂に立ちたいと思っていた。かっこ悪くてもいい、泥臭くてもいいから頂上に立っていけいさんの写真を埋めることで、けいさんの死を乗り越え、いい意味でけいさんと訣別したかった。

2017年、シスパーレ北東面ベースキャンプに一緒に来てくれたポーターと

ベースキャンプに入ってから風もなく、毎日穏やかな日が続いた。きょうも双眼鏡を健郎と交代で覗きながらラインを探す。そのうち、可能性のあるあれこれの箇所がラインとしてつながりだした。ところが別の日に偵察すると雪崩が頻発する箇所がわかり、ラインを修正する。

そんなことを繰り返しているうちに、確信の持てる一本のラインが定まった。二〇〇七年に同じ壁に挑戦しているが、そのときのラインとはまったく違う。あれから一〇年、数々の経験を積んできたからこそ見出せた北東壁のダイレクトな一本のライン。あそこの可能性に賭けようと決めた。ただ今回も、凍った壁、雪との必死の闘いが待っているのは明らかだ。

偵察、我慢比べの日々

私はこれまで未踏ルートからサミットしたあと、その山の初登ルートを下降することが多かった。初登ルートはその山のもっとも容易なところを突いて登られていることが多いので難易度が低いのと、ルートの情報があるからだ。下降ルートの情報が頭に入っていれば、より登りに集中できる。今回も、一九七四年の初登ルートである東稜の下降を考えていたので、まずはその東稜を偵察することから行動を開始した。第二登した孤野山岳会の報告書『シュクリア（ありがとう）』が手元にあったのでおおまかな様子は頭に入っていたが、二〇年以上前の記録なので自分の目で確かめてみることが大切だ。

いちばん心配していたのは、東稜下部の取付までのパスー氷河のアイスフォールだった。近年の温暖化の影響で氷河の後退が速く、アイスフォールがクレバスなどで歩けない確率が高い。この部分は目標の北東壁へ向かうときも必ず通るので、安全なルートを確保しておきたかった。

まず、左岸のモレーンからパスー氷河に下る。氷河はまさに迷路のようで、右往左往しながら安全なルートを探していく。アイスフォールには予想どおり大きな亀裂が多数あり、安全を確認しながら少しずつ前進するしかない。

健郎が大きな氷の庇を右から回り込むように登ろうとしているときだった。私はその庇のすぐ下をトラバースしていたのだが、なぜか嫌な予感がしたので、健郎がバイルを打ち込む瞬前にジャンプするように右に大きく跳んだ。その次の瞬間、「ドン！」と大きな音とともに庇が崩壊し、大きな氷の塊が私のすぐ左側を落下していった。序盤からいきなり肝を冷やす。この、嫌な予感というのを説明するのは難しい。経験を積むなかで培われていくようなものだろうか。幸い健郎も落下を免れた。

パスー氷河で
危機一髪

さらに次の危険が待っていた。アイスフォールを抜けて側壁の基部から尾根に向けて一気に上がっている途中、トップで登る健郎のはるか先で雪玉が破裂するようなものが見えた。何かが落ちてくる気配だ。雪が吸収しているせいか音がしないので、健郎はまだ気づいていない。私は健郎に大声で注意を与えてからフォールラインから外れるように歩調を速めた。その直後、小さな石に続いて徐々に大きな石がいくつか健郎に向かって落ちてきた。すかさず健郎も落石をかわしたが、登山初日から危機一髪の連続だった。

この日は五一六〇メートルにテントを張り、翌日はさらに五六〇〇メートルまで稜線をたどった。雪から出ている稜線上の岩場には、過去の登山隊が設置したフィックスロープが多少残っていた。下降路の状況を把握でき、とりあえず下山に関する不安をいくらか和らげることができたのでベースキャンプに戻る。

二日間休養したあと、シスパーレの北西八キロほどに位置するパスー・ピーク（七四七八メートル）に向かう。今回は高度順応のための登山許可を取っていた。北東壁の基部を通るので、間近でルート偵察もできる。基部を通過する際にセラックの崩壊があり、大きな雪崩となって予定のルートにからんで北東壁を流れてきた。その部分はスピードアップして壁での滞在時間を短くするこ

北東壁の基部で偵察していたらセラックが崩壊した

高度順応に苦しむ健郎

とが大事だと健郎と確認し合う。

健郎はこれまでの遠征でも高度順応に時間がかかっていたが、ここでもペースが上がらない。二泊した六四〇〇メートルのテントでも高度障害のため食欲がなく、慢性的に吐き気に襲われて苦しそうだ。「これでベースキャンプに下山したら順応が完了する」と健郎は言うが、ほんとうに大丈夫かと心配になった。

パスー・ピークは残念ながら悪天候のため六七五〇メートルで引き返したが、これで本番前の偵察と高度順応は終わった。


最後の準備は、登攀具、食料、燃料の仕分けだ。

壁に持っていく食料は四泊五日分とし、軽量化のため一食分一〇〇グラムのアルファ米（乾燥米）を二人で一個とした。燃料のガスボンベは三個。登攀具はアイススクリューがメインで、予定のC2～C3間にある核心部のミックス壁用にトライカムやナッツといった岩場で使うギアも厳選。ロープは八・五ミリ径×五〇メートルを二本とした。アイゼンの爪も研ぎ、数時間で装備の調整は終わった。出発する前日にでもザックに詰めればいつでも出発できる。あとは心の準備だけだ。

クライミング装備一式

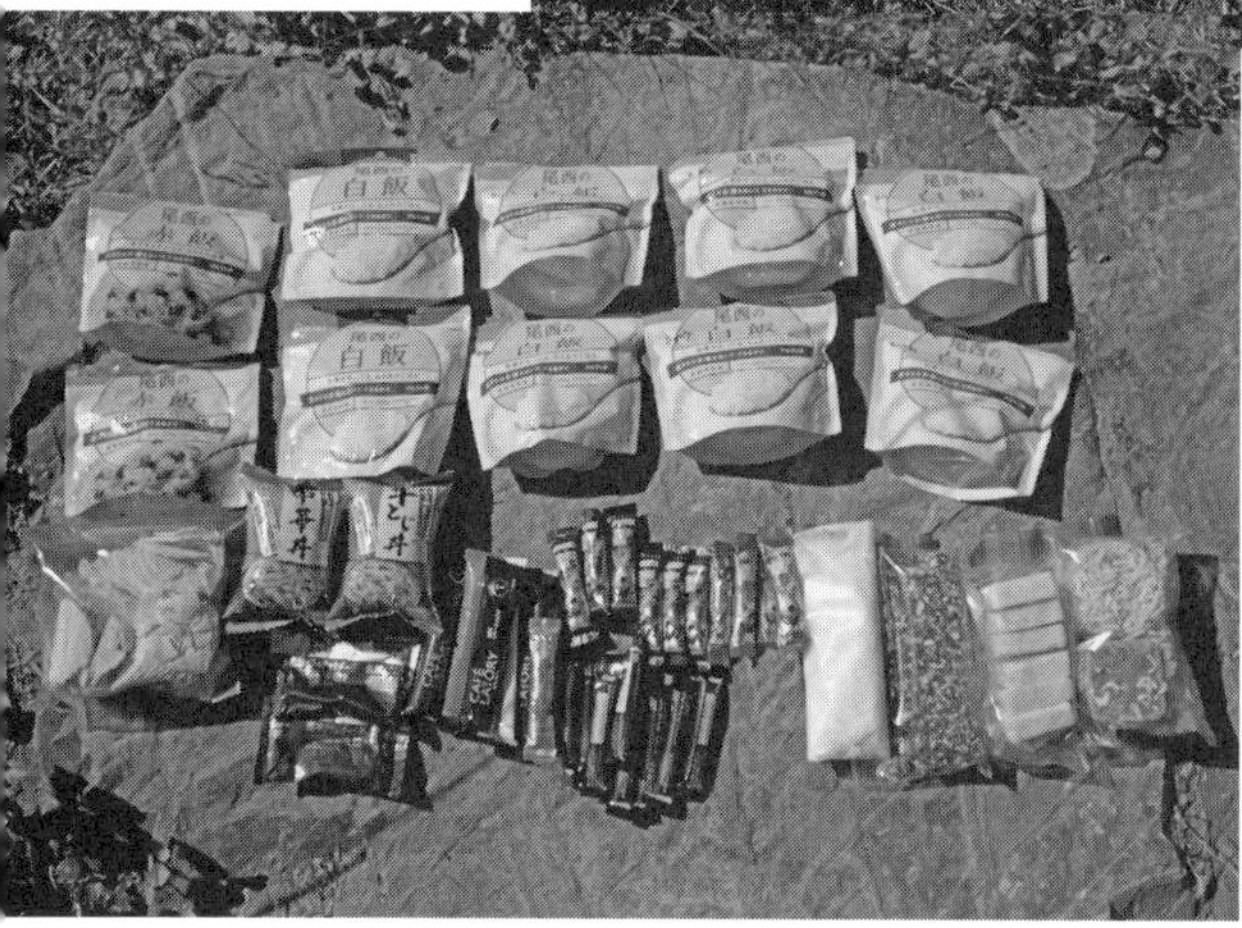

4泊5日分の食料

悪天候のため、BC での長い停滞が続いた

次の好天期で挑戦できるかと思われたが、数日間の悪天予報が続いた。しばらく回復しない予報のため、私と健郎は休養のためいったんフンザの村に下山することにする。下るほどに暖かくて緑溢れる世界に包まれ、寒さでこわばっていた体が徐々に解凍されていくようだった。カラコルム・ハイウェイに下り立ちヒッチハイクでフンザに着くと、食べに食べ、寝るに寝ての三日間を過ごした。

たくさんの果物を持ってフンザから一日かけてベースキャンプに戻る。しかし相変わらず曇りや雪の天気が続き、天気予報とのにらみ合いが続いた。シスパーレには雪のカーテンがかかり、なかなか姿を見せてくれない。

パスー・ピークでの高度順応からすでに九日が経っていた。多少の悪天なら下部のクライミングには影響が少ないと判断し、気分は乗らないが、北東壁に向けて曇り空のなか出発する。

案の定、午後から降雪がひどくてホワイトアウトになり、進むべき方向がよくわからない。そんなとき、頭上で突然セラックが崩壊した音が響いた。ホワイトアウトのため状況確認ができず、私たちはいつ襲ってくるかわからない雪崩を警戒してその場を動くことができなかった。近くの安全な場所で一晩待機したが、翌朝にはテントが半分埋まるほどの積雪があり、とうてい壁に取り付ける状態ではなかった。いったんベースキャンプへ引き返す。

ここまできたら我慢比べ。壁の雪が安定するまで、最後のチャンスにかけて待つしかない。予報では晴れになっていても、シスパーレ周辺だけは常に厚い雲に覆われている。明らかに登山期間の前半の天気とは変わってしまっていた。

コックのディダールが深刻な様子で私たちのダイニングテントにやってきた。ベースキャンプの食料と燃料があと数日で尽きるという。私たちが懸念していた事態がもう目の前まで迫ってきていた。入山して約三週間、スタッフ全員の疲労も限界に近づいている。

「ここががんばりどころだ」

私は健郎に声をかけたが、これは自分に言い聞かせたことばでもあった。決断のときが迫ってきていた。ぐずぐずしていると、チャンスは失われてしまう。

最後のチャンスに賭ける

一日目（八月十七日）　ベースキャンプ→ＡＢＣ（四九〇〇メートル）

朝、目を覚ましてすぐ空を見る。相変わらず天気はすっきりしないが、もう我慢比べをしてい

シスパーレ北東壁 2017

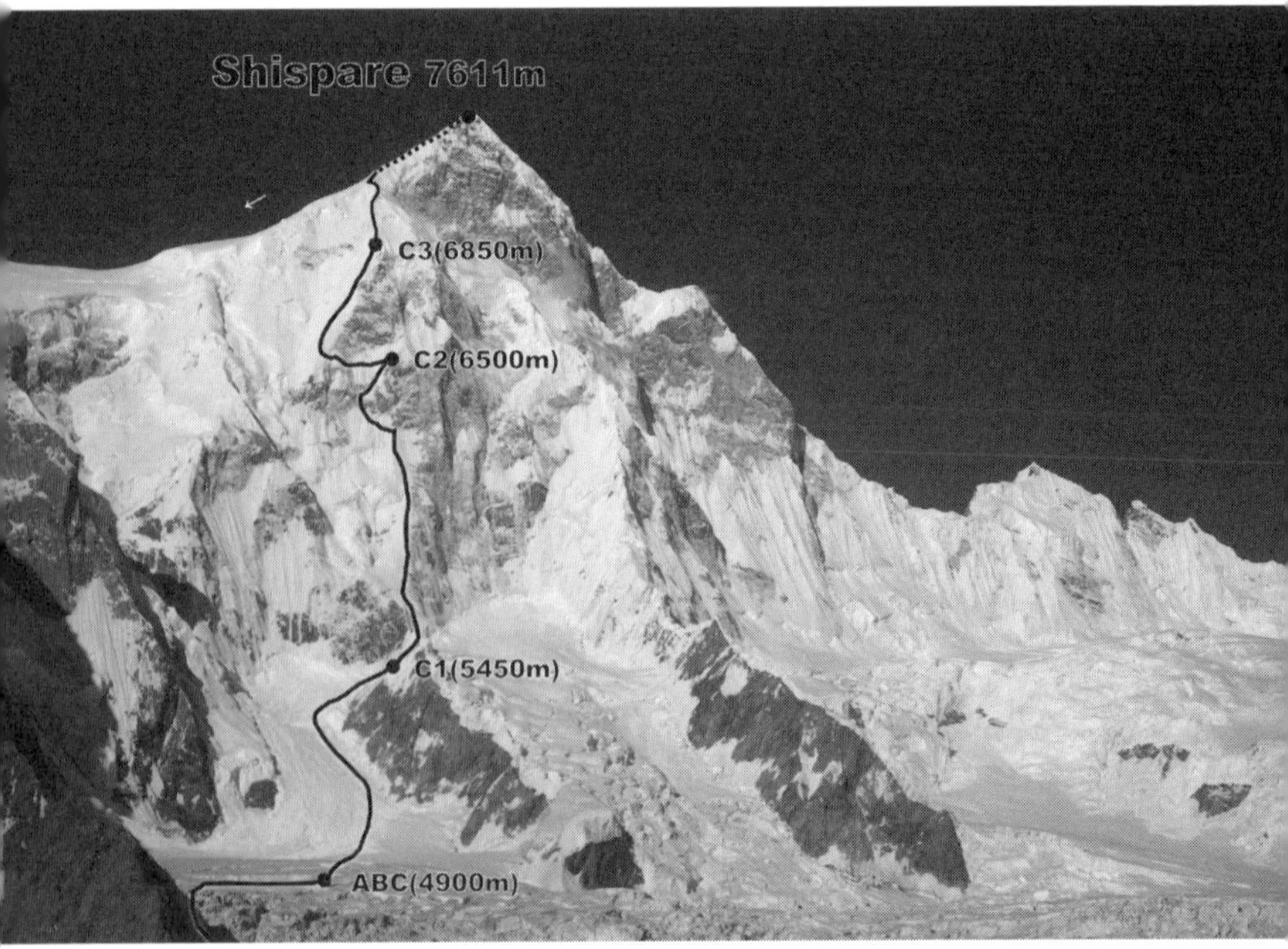

トレッキング中のパトゥンダスから見た北東壁の全容

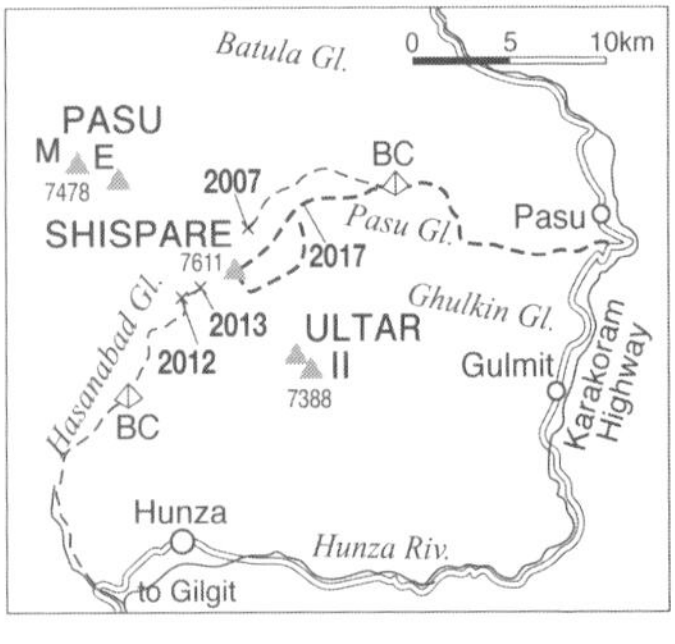

るときではない。できない理由を探すのではなく、できる方法を探るべきだ。

私はダイニングテントに貼っておいたけいさんの写真を胸ポケットにしまい、意を決して健郎ともどもベースキャンプを出た。徐々に天気は回復し、青空が広がっていく。あれだけ逡巡していたのに一歩足を出してみると心が晴れやかになり、ベースキャンプでの時間の浪費を後悔した。

シスパーレ１日目、いよいよ出発のときがきた

歩き慣れた氷河を横断し、北東壁の基部に到着した。ここにＡＢＣ。午前中は天気がよかったが、午後から崩れて壁は見えなくなった。しかしここ一〇日間の悪天と比べ、明らかに冷んやりとした空気に変わっていた。好天の兆しか。夏から秋へと季節が変わろうとしていた。

二日目　ＡＢＣ→Ｃ１（五四五〇メートル）

ロープを結び合い出発。壁での滞在時間を短くするためにペースを上げて進む。フォールラインから外れて歩いているつもりでも、それは気休めぐらいでしかないとわかっていた。案の定、セラックの崩落につかまったが、少し雪をかぶったぐらいで済んだ。

　だが、二回目は規模が違った。セラックが大きく乾いた音とともに崩れ、斜面の雪を巻き込みながらこちらに向かってきた。私は右上三〇メートルほどに防壁になってくれそうな氷塔があるのに気づき、とっさに走り出す。健郎も私がしようとしていることを理解し、一〇メートルほど後ろを追いかけてくる。急いで逃げるも氷塔の手前で雪の粒が体に当たりだしたとき、突然ロープが張られて身動きができなくなった。健郎の動きが止まったのだ。振り返って健郎を探すが、視界が悪くて確認できない。ただロープが張られているのですぐそこにいるはずだ。風圧も強くなってきたので覚悟を決めてその場にうずくまったとたん、大粒のあられのような氷も混じる雪に全身を打たれた。息ができないほどの強烈な風に耐えること二、三分。体に打ちつける雪つぶてが次第に弱くなり、やがて収まった。さっそく健郎を探すと、彼はクレバスに片足がはまり動けずにいた。私たちは埋まることも、吹き飛ばされ

2日目、雪崩が直撃し雪まみれになる

ることもなく、事なきを得た。

このいきなりの〈洗礼〉で雑念が吹っ切れ、晴れやかな気持ちになっていた。こんな大きな雪崩でも助かったのだから、次も生き抜くことができるにちがいない。そう自分に言い聞かせた。

その後はスムーズに登り、当初の予定より少し手前の雪稜上を整地してC1。

三日目　C1→C2（六五〇〇メートル）

C1から直上し、壁の中心に向かう。健郎が目の前の尾根を越すのに苦戦しながら登っている。そのとき、いきなりオレンジ色の光に包まれた。このいま、ベースキャンプからよく見たあの神々しい朝焼けのシスパーレの真っただ中にいるのだった。この瞬間の奇跡をカメラに収める。

そのあと取り付いた氷雪壁は少し雪がかぶっているものの、一〇センチ下には安定した氷があり、アイススクリューで支点が取れた。コンディションは良さそうだ。スピードを上げるため、中間支点はスクリュー一本でひたすら同時登攀を続ける。

頭上でまた乾いた大きな音がした。雪崩がくる。傾斜があるので移動できず、この場でやり過ごすしかない。いまいる場所は広大な雪壁だが、その中でも小さな尾根状を選択してルートを取っていたので、いくらかでも雪崩の威力が尾根の右と左に分散してくれるはずだ。一〇メートル

2日目の記録
大きな雪崩が
襲いかかって
きた

３日目、垂直の世界が始まる

３日目、シスパーレの懐に入っていく

ほど上にいる健郎に、風圧に耐えられるようにスノーバーなりで自己確保するよう急いで声をかける。健郎が先に雪に包まれて白煙のなかに消え、次に雪崩が私の方に向かってくるのがスローモーションのように見えた。私にできるのは、全身を雪面に押し付け、雪に噛みついてまでしてこの雪崩に耐えることだけだった。

雪崩は過ぎ去り、またしても難を逃れることができた。

さらに細いルンゼ状岩壁に入っていく。このころから天候が崩れた。降雪によるチリ雪崩がこのルンゼに集まってきて、ひっきりなしに降りかかってくる。ルンゼ入り口の基部がＣ３の予定だったがそんな場所はなく、このルンゼを登り抜けるしかなかった。健郎はチリ雪崩を受けながらじりじり進んでいく。ルンゼを越えてもテントサイトが見つからない。仕方なくルートとは逆方向になるが急雪壁を三ピッチ右上して雪稜に出た。雪を切り崩してなんとか二人が横になれるスペースを作り、テントにもぐり込む。ここなら雪崩を避けられ、安心して休めそうだ。

健郎は行動中は先陣を切ってがんがん登るのに、テントに入ると高度障害で動けなくなる。いつものことだ。食欲もなく、終日行動していて消耗しているのにエネルギーを摂取できていないのが心配だった。

３日目の記録
天気が一転し
チリ雪崩の中
を登る

隔絶された世界

四日目　C2→C3（六八五〇メートル）

　前日からの積雪が少しでも安定するのを待ち、壁に日が当たってから出発。急雪壁を二ピッチ懸垂下降してルートに戻った。ここから先に足を踏み入れたら下山は困難を極める。引き返すならいまがラストチャンスだが、今回はできるだけ上をめざしつつ、生きて帰る努力を尽くそうと心に期していた。その気持ちを増幅させてくれたのが健郎だった。彼は私の夢であったこのシスパーレに全力をぶつけて、楽しんで登っている。そうだ、私はいま独りで登っているのではない。彼となら難局を乗り越えられる――。私は彼の登りっぷりに励まされていた。

　第二岩壁基部に達し、このルート最難関のミックス壁が目の前に現れた。傾斜のある大きなスラブに雪や氷が薄く着いているだけのようで、見るからに状況が悪そうだ。トップの健郎にザックを置いて登るよう声をかける。薄い氷にアイススクリューが半分までしか入らず、墜落に耐えられるかわからない貧弱なプロテクションのまま健郎は進んでいく。その先の氷も雪もないスラブでは、なかなかプロテクションが取れず時間を食っていた。

4日目、狭いリッジにC2テントを張った

4日目、スラブ状岩壁の核心部に突入する

健郎が不安そうにこちらを見たので、私は滑落への備えをしたうえで「大丈夫」と伝える。手足が限界に近づいてきているのだろう、覚悟を決めてプロテクションなしで突っ込む健郎を見守った。じりじり登り、目の前の薄い氷にやっとアイススクリューでプロテクションを取ってロープをクリップ。確保する私も一安心。と、次の一手で健郎のアックスが壁から外れて五メートルほど滑落した。私は滑落していく健郎を目で追いながらロープをぐっと握った。奇跡的にどのプロテクションも抜けずに止まった。張りつめていた緊張感から解放されたかのように、ロープにぶら下がっている健郎がいた。深呼吸してから滑落したぶんを登り返し、クライミングを再開。二時間の格闘の末、最難関のミックス壁を突破することができた。

さらにひたすら登っていくと、下山ルートの東稜にある三つのコブがラクダの背のように見えた。下山のことが徐々に心配になってきていた。和田さんたちベースキャンプのスタッフの心配も限界に達していることだろう。せめて望遠カメラで私たちの動いている姿を見てくれていたらいいのだが。

ますます重くなる足を動かしつづけ、やっとの思いでC3を作った。夕方に少し雲がとれてベースキャンプとパスー村の明かりが見え、あまりにも隔絶された世界にいることをあらためて思い知る。これまでになく、生きて帰れる自信を強く持てなくなっていた。

4日目の記録
もう後戻りは
できない

悪天候のため C3 で停滞。徐々に精神的にも追いつめられていく

五日目　C3停滞

降りやまない雪がテント上部の雪面とテントとの隙間に吹き溜まっていく。雪に体を押された私は健郎の方のスペースを探して移動するが、健郎は寒いからといってこちらに体を寄せてくる。窮屈で苦しい一晩を過ごした。そして朝からはテントまわりの雪かきの繰り返しだ。雪がやむ気配はなく、視界も悪いため停滞とする。寝袋からほとんど出ることなく体を休めているが、すでにこの標高では体力の回復は望めない。衰弱していくだけの世界である。

夜、テントの外でだれかが太鼓を叩いている音が聞こえた。健郎に話すと「そんなの聞こえない」という。幻聴だったか。だが、私にはたしかに聞こえたのだ。私はこれまでになく追い込まれていた。

5日目の記録
壁の中でのつらい停滞

生と死の分岐点

六日目　C3→頂上（七六一一メートル）→C4（七二〇〇メートル）

翌朝、山を覆う雲がとれ、頂上に手が届きそうな場所にいることを教えてくれた。上部プラトーとの合流地点をめざして出発。テントの中では慢性的な高山病になっている健郎だが、いまは胸以上ある深い雪をかき分けながら進んでいく。頼もしいパートナーに私は助けられていた。

このとき、健郎とだけでなく三人で登っているかのような感覚があった。だれかが背中を押してくれているような——。前夜の太鼓の音と同じく、これも幻聴とか幻覚の類いなのだろう。死が身近にあるときは、そういう状況に陥るという。だが私は逆に、昨夜の太鼓の音を応援と捉えていた。三人目の気配も、死に神ではなく頼もしい存在に感じられた。けいさん……。私は胸ポケットに手を当てた。山でこうした感覚になったのは初めてのことだった。

プラトーに出ると、視界が一気に広がった。私は判断を迫られた。生きて帰るためには頂上をあきらめ、視界のあるうちにこの広くて迷子になりそうな雪のプラトーを抜け出し、下山ルートの東稜に向かったほうがいいのではないか。私は迷った。私たちはいま生と死の分岐点にいて、いまが生きて帰る最後のチャンスなのかもしれない――。

健郎がプラトーに出たことでつながるようになった衛星携帯を取り出し、天気予報を聞くため東京の古野淳さんに電話する。あしたにかけて晴れと曇りの小康状態とのことだ。山頂に行く決断をした。

行動食とテルモスを持ち、不要な荷物は斜面を削ってデポ。肩の荷は一気に軽くなったが、足取りは標高を上げるにつれて重くなっていく。私はブリザードと寒さで体力が削られ、ふらふらになっていた。しかし、山頂は一歩一歩近づいているはずだ。

「これまでやってきた登山でいちばんつらい。足が止まって動かない」

前を歩く健郎に、こんな弱音を吐く自分を情けなく思った。

ニセピークに何度も裏切られ、いったいいつ山頂にたど

6日目、山頂はすぐそこに見えるが深い雪に苦しむ

り着くかと不安になったそのとき、目の前にピナクルが視界に入った。すでに視界はなかったが、周囲にこれ以上高い場所はなく、私たちはついに山頂に立ったことを知った。

私はダウンワンピースの胸ポケットからけいさんの写真を取り出し、雪を少しかき分けてそっと埋めて手を合わせた。けいさんの死からずっと私が背負っていた重いものをシスパーレが取り除いてくれ、悲しみが思い出に変わった瞬間だった。

健郎に「一緒に登ってくれてありがとう」と声をかけた。

滑落しないよう頂上から慎重に下っていくが、全身の疲労から踏ん張りも利かなくなってきた。健郎や自分の家族のため、ベースキャンプにいるスタッフのためにも生きて帰る責任があるのだと自分に言い聞かせ、一歩一歩を確実に出していく。なんとかデポした場所に戻ってきたときには脱水と疲労困憊で倒れ込んだ。天気は予報に反し、少しずつ悪くなっている。テントを張ってもぐり込み、あまりの疲れに早々に横になった。

夜中になってもテントに降りつける雪がいっこうにやまない。いま私たちは広いプラトーに取り残された小さな粒でしかなかった。この雪がやまなければ脱出できない。眠れない一夜を明かした。

6日目の記録
念願の頂へ

シスパーレ山頂に立つ

山頂にけいさんの写真を埋める

七日目　C4→C5（五七五〇メートル）

相変わらずの風雪で朝を迎えた。凍ったテントのファスナーを無理やり開けて外を見る。ホワイトアウトだ。これでは動けない。登頂の喜びなんかより、はたして生きてこの場を脱出できるのかという不安で頭の中がいっぱいだった。

下山する東稜は雪崩やセラックの危険性は少ないが、決して簡単なルートではない。一時間ほどしていくらか風雪が収まったので出発した。しかし、いまいるプラトーから東稜への方向がわからない。とりあえず慎重に進むが、登ってきた高低差二〇〇〇メートル以上の絶壁の上に出てしまった。先の見えない下山に呆然と立ち尽くしているうちに、ホワイトアウトだった雲と雲の隙間から一瞬、東稜の三つのコブが重なり合って見えた。

「あっちだ！」

奇跡が起きた。これで生きて帰れる。生のある世界に向かって、東稜へと重い足を出していく。途中、大きなクレバスに阻まれてクレバスの底まで五〇メートルのロープ一本分の懸垂下降をして登り返し、さらに最後の力を振り絞って東稜の三つのコブの苦しい登り降りを繰り返す。下山しているはずなのに登りが多く、まるでもう一度シスパーレに登っているかのようだった。とに

シスパーレ北東壁 2017

シスパーレ北東壁と下降路（点線）

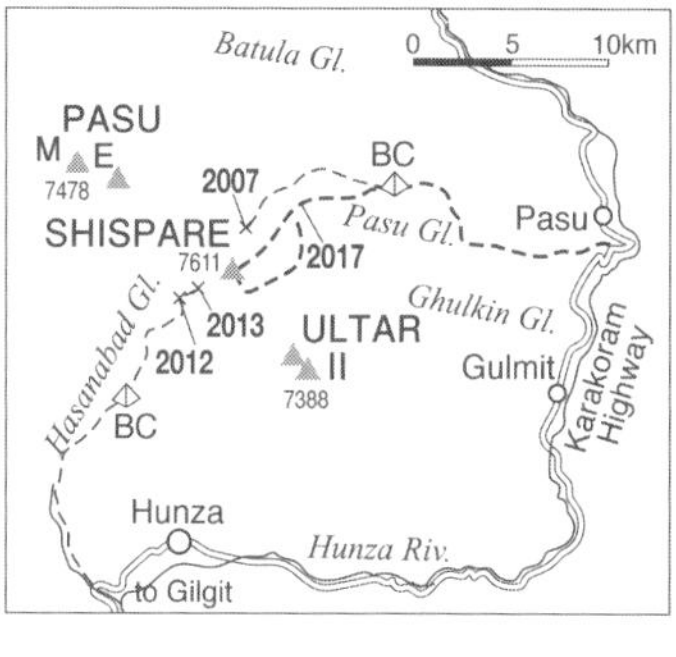

8日目、やっとの思いでベースキャンプに帰ってきた。これ以上の冒険はもうできないと思った

かく標高を下げること。それが生きて帰る唯一の道なのだ。

偵察時に到達した地点まで下り着いてやっと帰路の安全が確保され、深く安堵してテントを張る。五日を過ごした北東壁が真横に見えた。

八日目　C5→ベースキャンプ

安心するとかえって足取りは重い。パスー氷河をよろよろ右往左往しながらベースキャンプに向かう。あともう少しというところで、サイドモレーンの上に和田さんと撮影クルーの姿が見えた。遠目にも和田さんは泣いているようだった。あまりに心配をかけすぎてしまった。登頂から二日後、

7日目の記録
長くつらい下山

ベースキャンプを出てから八日目にベースキャンプに帰ることができた。

ベースキャンプのスタッフとの久しぶりの再会を喜ぶ。健郎はコックのディダールからかけてもらったことばで男泣きしていた。私は健郎に近づき「ありがとう」と言った。

四度目のシスパーレはどうしても頂を踏みたい気持ちが強かった。けいさんのことがあったから。あそこに立てなければ、何も乗り越えることもできなければ、次に進むこともできないと思っていた。こんな感情を山に持ち込むのはよくないことかもしれない。それによって無理をすることになり、判断に狂いが生じてしまう。それもすべて承知のうえで頂上にこだわりたかった。

私の感情をすべて受け止めて一緒にチャレンジしてくれたのが中島健郎だった。健郎にとっても、彼なりにけいさんへの思いを背負っての登山だったことだろう。私のシスパーレへのこだわり、けいさんへの思い、それらを健郎と共有できたからこそ成し遂げられた登頂だった。健郎以外とだったら、この登山はとうてい考えられなかった。

初めて見上げたときから一五年。この山に思いを馳せていた時間は、私にとって一生の宝物になるだろう。

シスパーレその後

帰国後、けいさんのお墓参りに行った。けいさんのご両親も駆けつけてくださり、シスパーレ登頂を喜んでくれた。私は「見守ってくれてありがとう」と墓前に手を合わせた。

その年の秋、九四年にシスパーレに第二登した菰野山岳会の隊長だった増井行照さんにお会いするため三重の自宅を訪ねた。登頂したあかつきにはぜひ会いに行こうと決めていたのだった。増井さんの自宅には、シスパーレが所狭しと大きな写真となって飾られていた。増井さんの人生においてもシスパーレは大切な山なのだということがすぐにわかった。お互いのシスパーレのことを話しはじめると、まるで一緒にベースキャンプから山を眺めながら語り明かしているかのようだった。翌日は、増井さん宅の裏山でもある御在所岳を家族で散歩した。この山にはクライミングルートが多数あり、増井さんたちの登山隊もここでトレーニングしてシスパーレに向かったという。感慨深かった。

年が明けて二〇一八年になっても和田さんの〈シスパーレ〉はまだ続いていた。二月上旬に番組の放送予定日が決まり、最後の仕上げの最中だった。私の思い、そしてけいさんのこと。彼女は最後の最後まで真剣に、そして愛情を持ってドキュメンタリー制作に向き合ってくれた。

二月、ＮＨＫＢＳで「カラコルム・シスパーレ　銀嶺の空白地帯に挑む」が放送された。地球上に無数にある山のひとつであるシスパーレの物語が、多くの人の胸を打ち、記憶に残すことができたのは和田さんのディレクターとしての力量のおかげである。この番組の反響は大きく、その後、何度も再放送されただけでなく、放送文化基金賞の奨励賞を受賞することができた。

ベースキャンプで撮影する和田さん

このシスパーレで私は二度目、健郎は初のピオレドール賞を受賞した。二〇一八年秋、ポーランドでの授賞式に健郎と両家族で向かった。式典では一時間ほどのスライドショーも組み込まれ、私たちは多くの観衆の前でシスパーレについて語った。

授賞式では、一九七四年に西ドイツ＝ポーランド隊の隊

ポーランドでのピオレドール賞授賞式会場にて。シスパーレ初登頂者の一人、レシュック・チヒさんからトロフィーを授与された

員としてシスパーレに初登頂したレシュック・チヒさんが登場し、私たちにピオレドール賞のトロフィーを渡してくれた。レシュックさんは、「四〇年前に登ったことによって、次の世代に新しいテーマを示すことができたことを誇りに思う」と言っていた。レシュックさんにとってもまた、シスパーレはかけがえのない存在であることを知った。

おまけがあった。日本への帰りのフライトが奇跡的にシスパーレ北東壁の真横を飛び、私が人生をかけて登った山と再会することができたのだった。そしてそのとき私は、五回目のシスパーレ行という新たな夢を描いた。もちろん登るのではない。私の第二の故郷フンザに家族で行き、そして家族ともどもシスパーレを麓から仰ぎ見る夢だ。

4度目の
シスパーレ登山
（総集編）

仕事で登ったエベレスト

私はこれまで世界最高峰エベレストに三回登頂している。すべて、カメラマンの仕事としてである。私自身の挑戦としてエベレストに行くという発想はなかったが、やはり世界最高峰にはいつか登ってみたいとチャンスを狙っていた。幸い私は登山家とカメラマンの二足のわらじの活動のおかげで、そのチャンスをつかむことができたのだった。

私は二〇〇八年とその翌年、一流の登山家たちの挑戦に同行撮影するかたちで八〇〇〇メートル峰の三座に、いずれも酸素ボンベの助けを借りずに登頂し、高峰登山のノウハウもいくらかわかるようになっていた。エベレストでは酸素ボンベを使うので、さらに余裕をもって行動できるだろうから、何か新しい試みの撮影ができないかとあれこれ考えをめぐらせた。

エベレストへの切符を最初に手にしたのは二〇一一年、ＷＯＷＯＷのドキュメンタリー番組の撮影だった。番組は、登山経験が数年の三五歳のＯＬがエベレスト登頂の夢をかけてネパール側から挑戦をするというものだった。

中国側からのチョモランマ（エベレスト）8848 m

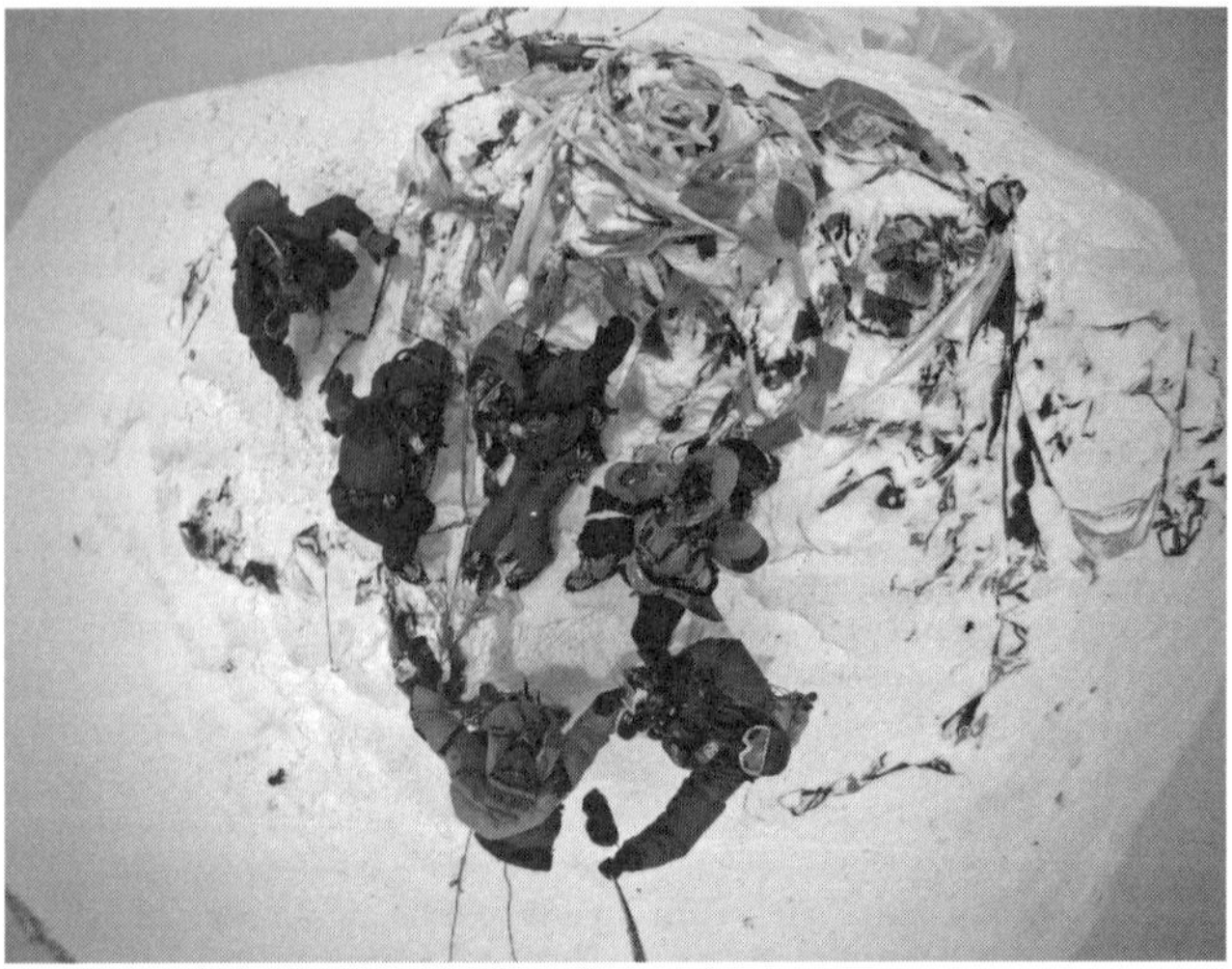

2011 年エベレスト山頂にて

エベレストは長く登山家だけの山だったが、公募登山隊の参入で年々敷居は下がっていた。すでにフィックスロープが山頂まで確実に設置され、高性能で軽量になった酸素ボンベや、頼りになるガイドやシェルパ、正確な天気情報などさまざまな登山環境が整いだしたころで、アイゼンやピッケルを初めて使う人も登頂するという、びっくりするような現実が当たり前な時代になっていた。

もちろん自然環境や高度の厳しさは変わることはなく、そのOLの挑戦は、多くの困難を乗り越え、最後に登頂という夢をかなえた感動的なものだった。私は山頂で三メートルのプローブ（雪に埋没した人を探す長い棒）に小型カメラを付け、俯瞰で山頂の情景を記録した。

二回目は、八〇歳での最高齢登頂を目標にしていた三浦雄一郎氏を同行撮影した二〇一三年だった。当時はドローン撮影が一般的になる前のことでドローンの性能はまだ低く、撮影している映像を手元で確認することすらできなかったので、機体の前方に取り付けたカメラの高さや方向から勘で撮影するしかなかった。しかし確実に三浦さんをフレームに収めることに成功し、歴史的な登頂の瞬間にも立ち会いながら撮影することができたのだった。

この山行では、私にとっては登頂以上の思い出がある。南東稜サウスコル七九八〇メート

2013 年、世界最高齢の 80 歳で登頂した三浦雄一郎さんを記録した

ルの高所での食事である。三浦さんが「お茶でもしよう」といって出してきたのが茶器一式で、三浦さん自ら抹茶を点て、高級な羊羹をお供に頂戴した。そして夕食になると、やはり三浦さんの希望で手巻き寿司が用意されていた。食事の準備を手伝おうと食材の袋を開けると、出てきたのは紙に包まれた立派な海苔に、瓶詰めの北海道産のウニやイクラといった高級食材。ここは極地だということをみんな一気に忘れ、テントの中には北海道でキャンプでもしているかのような平和な時間が流れていた。私なら瓶の中身をジップロックに移して軽量化して持っていくが、あえて瓶で持っていくことに意味があるのだなと思った。

三浦さんの成功は、苦しく厳しい環境を楽しい時間へと変える天才だからこそなし得たことだとも思っている。

そして三回目は、二〇一六年のアメリカ隊のヒーロープロジェクトに同行したときだった。世界で活躍できるカメラマンを目標にしていたので、まさに夢がかなったときでもあった。ことばなどの不安はあったが、私が撮影した画を見ればきっと納得してもらえるだろうと自信に満ち溢れていたので仕事上の心配は何もなかった。ちなみに撮影スタッフは私一人だった。

ヒマラヤでのドローン撮影

撮影対象のチャーリーは、アフガニスタンでの地雷除去中の爆発事故により片足を失った元軍人で、彼が義足で登るという挑戦だった。じつはこのプロジェクトは二〇一四年から始まったが、不運にも中国側のベースキャンプに着いた日にネパールで起きた地震により中止。翌二〇一五年はネパール側から入ったが、アイスフォールでのセラック崩壊のため多数のシェルパが犠牲となったため、またもや登山をする前に中止となってしまった。翌年の三回目は再び中国側からと変更して心機一転、山頂をめざした。登山はすべてうまくいき、中国側からのシーズン最初の登頂者となった。

このときは山頂の模様をもう少し上空から撮影したいと考え、山頂で凧を上げ、その糸にカメラを固定して撮影できないかと日本で練習し準備していた。しかしドローンの性能が年々よくなったこともあり、世界初の試みとしてエベレストの頂上でドローンを飛ばそうと意気込んで、凧はベースキャンプに置いていった。ドローンはバッテリーが低温になると使い物にならないので私は最終キャンプの前夜から登頂日にかけ懐で大切に温めていたが、なんと、あろうことかスタッフがドローンの機体を頂上に持ち上げるのを忘れてしまい、世界初の試みはかなわなかった。しかし私にとっては中国側からも登頂することができたうえ、海外からの依頼の撮影をしっかりやり遂げることができ、とても充実した山行だった。

これから先にも世界最高峰と、どんなかかわりが生まれるか楽しみである。

登山家ではない日常

独身時代はよく料理をしていたほうである。結婚後は、同じ献立がテーブルに並んだことがないというくらい毎日変化のある妻の料理で、私はすっかりキッチンに立たなくなってしまった。いまでは週末の子どもがいるときのランチに焼きそばかラーメン、お好み焼きを作るのが私が唯一キッチンに立つ時間だ。子どもが給食の献立を楽しそうに妻に聞くように、私も毎日の夕食が楽しみで、「きょうは何？」が口ぐせになってしまった。

最近の遠征ではベースキャンプにコックさんを雇わず、自分たちで料理をすることが多くなった。私は少ない材料を駆使していかに贅沢な料理を作るか、その工夫を楽しんでいるが、それでも食材が乏しくなってくると食べ物の夢を見るほどの精神状態になる。

そこで、はるか日本の自宅の本日の夕食の献立が気になり、衛星を介して妻に聞いてみたりする。「さわらの粕漬け、白和え、酢の物、しじみの味噌汁」などと、絶対にここでは食べられない献立が返ってくると、いまいる環境がいかに極限であるかをあらためて実感して、逆にパートナーと盛り上がったりするのだった。自虐行為の最たるものだろう。

登山という劣悪な環境に長く身を置いていると、やることなすことのひとつひとつがワイルド、というか雑になってしまうようだ。

ベースキャンプでも洗濯は自分たちでするので、さすがに家でも少しは家事を手伝おうと洗濯物を干したりするが、竿を拭かず、シワも伸ばさず、かえって妻の仕事を増やしているだけのようである。食後の洗い物も、お皿を割られたくないものだから「ゆっくりお茶でも飲んでいて」とやんわり断られる始末。子どもの宿題にしても、「トト（お父さん）にはわからないから」とすっかり私の助けは求められなくなってしまった。オセロだけは負けないと張り切ると、勝てない息子は「面白くない」そうである。

かくして、日常で誇れるものはひとつもない気がしてきたので、このぐらいで終わりにしたい。

オフシーズンの家族とのひと時

第7章

越えてきた山、これからの山

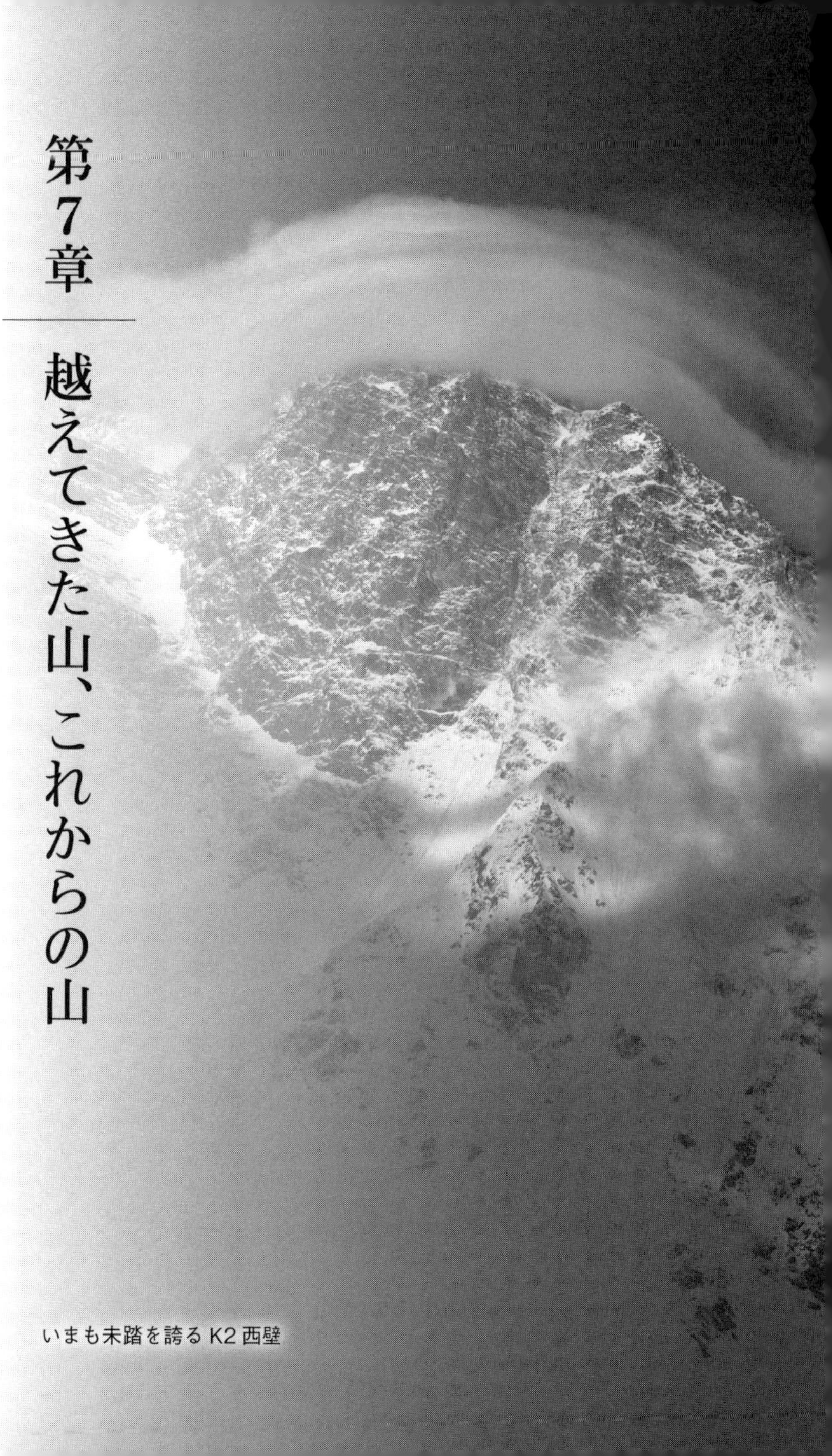

いまも未踏を誇るK2西壁

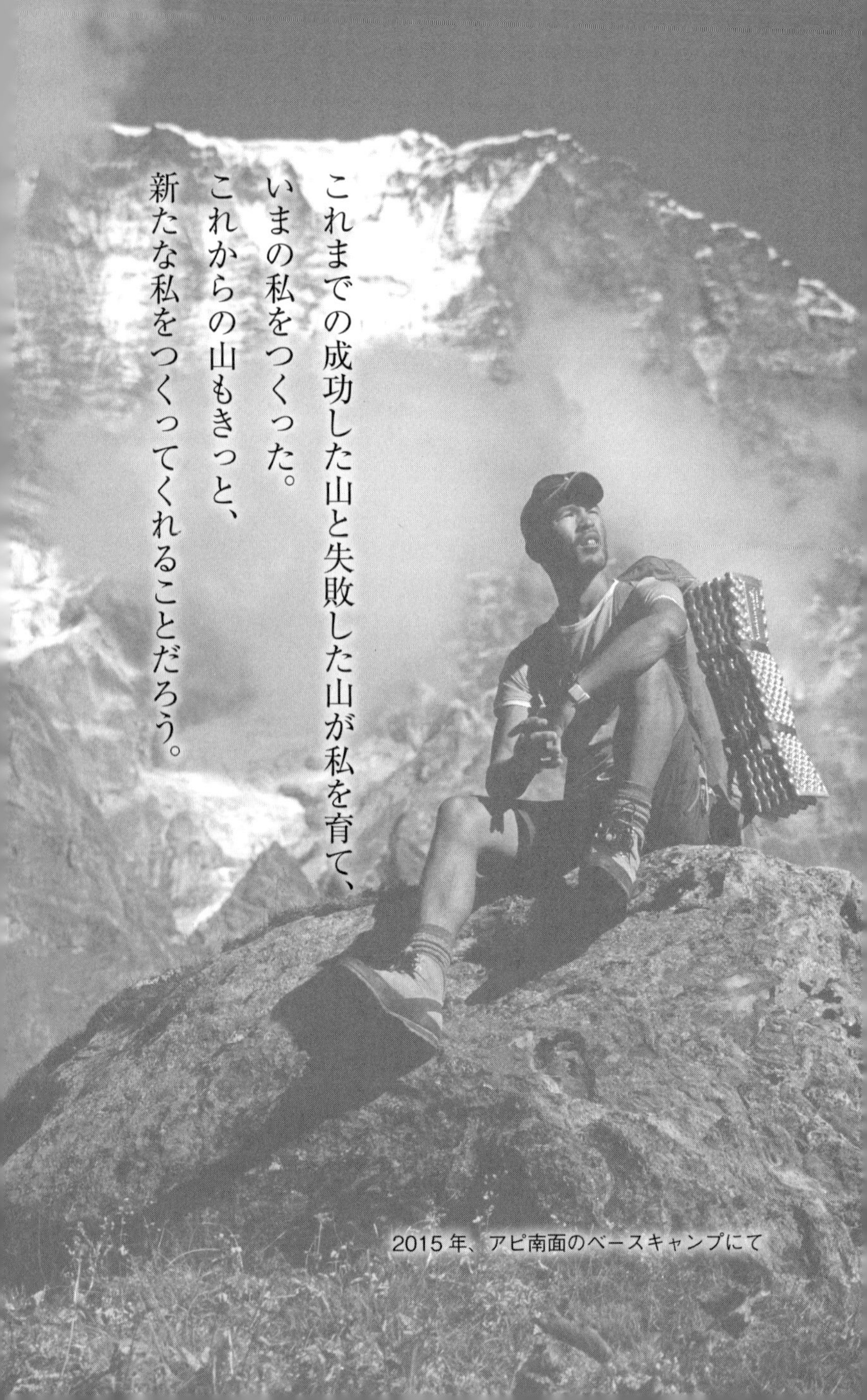
これまでの成功した山と失敗した山が私を育て、
いまの私をつくった。
これからの山もきっと、
新たな私をつくってくれることだろう。

2015 年、アピ南面のベースキャンプにて

Ｋ２西壁の偵察

四回目の挑戦にしてシスパーレに新ルートから登頂できたことは、自分でも驚くほどの達成感をもたらしてくれた。これ以上困難を追求すれば、いずれ死に近づいていくことになるだろう。それほどの充実感に包まれていた。

ところが帰国して数カ月も経つと、燃え尽きたと思っていた自分の情熱の高炉にわずかな火種が残っていることに気がついた。「八〇〇〇メートルの山であんなクライミングはしてこなかったな。いまならできるのかな」と、ふと考えてしまう自分がいた。その思いは日を追うごとに少しずつ膨らんでいく。見慣れた「夢のファイル」をめくっていくと、いつも手が止まるのはＫ２の写真だった。

そのＫ２に、いまの自分ならどう登るか考えてみた。ヒントがあった。山野井泰史さんの『垂直の記憶』（山と溪谷社、二〇〇四年）のなかで、ヒマラヤ登山で卓越した実績を残しているポーランドの登山家ヴォイテク・クルティカが「Ｋ２西壁はアルパイン・スタイルではかなり難しく、可能性はとても少ない」と語っている。その未踏のＫ２西壁を実際にこの目で見て、可能性を探ってみたらどうだろうか。

これまでの経験から、さまざまな角度から写した写真が何枚かあればその山に登れるかどうかだいたいわかる。どこがポイントで、どんな技術が必要で、どんなギアを持っていけばいいかもわかる。頭の中でイメージするだけで登頂の可否が高い確率でわかる。ところが、K2の西壁ばかりはそうはいかなかった。

二〇一八年が明けてしばらくすると、私のK2への思いはますます確かなものになっていった。ただ早急に事を進めるのは避けたかった。まずは偵察だ。登山許可を得ず偵察だけにする。登りたくても登れない状況にすることで、ほんとうに自分はK2に登りたいのか、それを確認することができるはずだ。

七月、K2西壁の偵察登山に中島健郎と出かける。今回は登山許可なしでも登れる六五〇〇メートルを上限としたトレッキング許可を申請した。出発の村アスコーレからK2のベースキャンプまでは七日間の行程だ。K2は最後の日にならないと姿を現さないが、その代わり、浮気したくなる心を抑えるのが大変なくらい魅力的な山々が毎日迎えてくれた。

K2ベースキャンプには多くの登山隊がいた。ほぼすべての登山隊はK2の東側に回り込んで

氷の割れ目に苦戦しながらサヴォイア氷河を歩く

いくが、私たちはサヴォイア氷河から西面に向かう。天気が悪いなか、ヒドンクレバスに何度も足を取られながら進み、山頂が見えるであろう場所でテントを張って晴れるのを待った。

二日目、サヴォイア氷河をさらに詰めた夕方、雲が移動して西壁が徐々にその全容を現した。圧倒的な大きさで西壁は山頂へとダイレクトにつながっている。「すごいものを見てしまった」という思いだった。見てしまった以上、もう後戻りができない覚悟を山から突きつけられているような気がした。それにしてもＫ２の未踏ルートとなると世界中のトップクライマーが憧れる課題のはずだが、なぜいままで放っておかれているのか。クルティカの言うように、その困難さゆえなのか。いまなお静かに残されているこの課題に胸の高ぶりを覚えたものの、「残念だけど、いまの自分たちの力ならせいぜい登れて

月明かりに照らされるK2西壁。ルート全体を見ることはできなかった

半分まで」と健郎に言った。
残り半分を登るのに足りないものを埋めるためにはトレーニングが必要だ。七〇〇〇メートル後半の、それなりに厳しい山を二つ登ろうと考えた。候補に上がったのが、ラカポシ（七七八八メートル）とティリチミール（七七〇八メートル）だった。この二つの山で四分の一ずつを埋めることができれば、Ｋ２の残り半分もものにすることができるかもしれない。

二〇一八年夏のＫ２の偵察から帰ると、次の目標をまずパキスタンとアフガニスタンにまたがるヒンズークシュ山群の最高峰ティリチミールに定めた。この山も二〇〇二年の旅で遠望し、脳裏に焼きついていたのだった。七八〇〇メートル近い標高も、Ｋ２の準備としては最適だろう。主峰と東峰に広がる北壁には私が好むクライミングができそうな未踏ルートが残されていた。

しかし大きな問題が生じた。一五年ぐらい前までは普通に登山許可が出ていたが、いまは政治的な問題で閉ざされていると現地旅行会社から連絡があったのだ。私はこれまでこの手の苦労をしたことがなかったので、最後はきっとうまくいくだろうと楽観的に捉えていたが、そろそろビザ申請をして最後の準備をしなければならない時期になっても、登山許可証がまだ手元に届かない。ぎりぎりまでティリチミールへの可能性を探っていたが、ついにリミットの時期までに登山許可は下りなかった。

もうひとつの候補の山、ラカポシへと気持ちをシフトしていく。

ラカポシ

カラコルムで十一番目に高い山ラカポシは、フンザで見上げた峰々の中で「やり残していた山」のひとつだった。あらためて調べてみると、自作の地図にはすでに何本かルートが引かれていたが、ダニヨール谷からの南壁だけは空白になっている。南壁の上部はギルギットの町外れのバスターミナルからも見えるほど近いのに、いままで登られずにいた理由をこの目で確認し、可

ラカポシ南壁 2019

ドローンを飛ばして撮影したラカポシ南壁の全容

―登頂履歴―
1958年にイギリス人のM.バンクス隊長と隊員、それにパキスタン人で構成された登山隊が南西スパーにルートを取り初登頂した。

能性を探る必要があった。

現地に行って判明したのは、ベースキャンプを三六六〇メートルと、これまでになく低い地点に設置しなければならないことだった。七〇〇〇メートル後半から八〇〇〇メートル級の山だと四五〇〇〜五〇〇〇メートルのところにBCを置けることが多い。K2なら五三〇〇メートルで、山頂までの標高差はおよそ三三〇〇メートル。ラカポシは四〇〇〇メートル以上になる。これが敬遠されてきた理由のひとつなのだろうか。それだけ山の滞在時間が長くなるからリスクも増えるが、逆にK2へのいいトレーニングになると思った。

問題はルートだが、ラカポシ南面の資料はほとんどなく、写真も唯一、飛行機から撮影したらしきものを一枚だけ見つけることができただけだった。それを見たかぎりではなんとかなりそうな気がしたが、実際は登ってみないとわからない。

六月十六日、ベースキャンプ入り。これまでのBCは森林限界をとうに超えていて動植物を見かけることはほとんどなかったが、ここには草木が生え、生き物の気配がある。生命の匂いがする。まだ下界とつながっている場所という気がして、山頂がより遠くに思えた。

天気予報ではここ数日は天気がいいが、その後は一週間ほど雨や雪となっていた。この好天を逃すまいと、すぐに二泊三日分の準備をして高度順応と偵察のために上部へ向かう。スムーズに高度を稼ぐことができたが、デブリ（雪崩の到達点に堆積した雪）や落氷地帯を通過する場所は要注意だった。ルートとしてめざしている支稜の付け根の四五〇〇メートルで一泊。

その後、ルートは徐々に尾根状になるので雪崩のリスクからは解放されるものの、上部のセラックの崩壊の規模によっては直撃も十分ありえるので要注意だった。五九〇〇メートルで二泊目。寒くて静かな夜、ギルギットの夜景がすぐそこに見えた。翌日は六一〇〇メートルまで達し、順応と下部の偵察を済ませてベースキャンプに戻った。予報どおり、翌日からは雨や雪が六日間降りつづいた。

七日目に久しぶりに晴れてめざしている壁が見えたが、べったり雪が積もっている。太陽の光が壁に当たるようになると雪崩の轟音が谷中にこだましてベースキャンプまで届いた。

いつの間にか残りの登山日数もわずか。登頂はワンチャンスのみとなってしまった。天気予報はこの先二日半は曇り、その後二日間は雪、その先に待望の晴れ間が出るとのこと。そこに賭けることにした。つまり三日後の雪が降りはじめる前に雪崩のリスクが高い下部を通過し、可能なかぎり上部にテントを張って天気待ちをしたうえで頂上をめざす作戦だ。六泊七日分の食料と燃料をザックに入れてＢＣを出発した。

一週間ぶりのラカポシは雪崩やセラック崩壊の痕跡が増えていた。デブリの上は気持ち悪いので短時間で駆け抜ける。一気に雪稜へ出て、五二〇〇メートルに小さな窪みを切り崩してC1。二日目はひたすらラッセルし、なんとか標高を一〇〇〇メートル上げた。雪稜から雪壁に変わる六二〇〇メートルにC2。三日目にようやく南東稜に上がる。いままで隠れていた北東面の景色が一気に広がり、ディランやキンヤン・キッシュが見えた。南東稜上もラッセルとなったが、予報よりも天気がもったので助かった。六〇〇メートルほど標高を稼ぎ、六八〇〇メートルにC3。夕方からは予報どおり雪雲が空一面を占め、悪天を告げていた。

その後二日間は雪となり、テントが埋まらないように何度も除雪をしながら狭いテントで待機する。このフンザ周辺の気象条件はとても複雑で、これまで晴天の山頂に立ったことがなかった。悪天がいつ終わるか確信が持てなかったので、もともと一人分のご飯を半分にして軽量化していたのだが、さらにそれを半分にして不測の事態に備えた。日没直前に徐々に雲が薄くなり、夕焼けに染まるディランが見えた。二〇一三年はディランから同じような光景のラカポシを見ていた記憶が鮮明によみがえった。あのときの翌日は快晴だったが、はたして今回は？

翌朝四時、雪がやみ風もない満天の星空だった。ここを最終キャンプとして、山頂までの残り

ラカポシのベース
キャンプから山頂まで
標高差 4000m の
長い登りが続く

C1 から C2 間の
氷雪壁を登る

ラカポシ山頂から
ディラン、
スパンティーク、
K2 方面のパノラマ

一〇〇〇メートルを一気に登ることにする。とくに難しい箇所はなく、ただひたすらラッセルで進めばいい。健郎が力強く前進する。彼とはここ数年大きな山を登ってきているが、年々頼もしくなっていく。深い雪は最後まで私たちに試練を与えた。疲労困憊の末、頂上手前で短い稜線に出た。その先にほんの少しだけ高くなっている頂がある。その一〇メートル手前で健郎が「すごい景色ですよ」といって振り返り、私を先に頂上へと促してくれた。

無事に下山し、花束の祝福を受ける

今回の登山でいちばんの晴天のなか山頂に立つ。太陽の光がこんなにうれしいとは。三六〇度、視界を遮るものはなかった。眼下に私にとって第二の故郷であるフンザが見え、その奥にはシスパーレがこちらに微笑んでいるようだった。二年ぶりの再会だ。そして次なる目標としているK2が、彼方の地平線から飛び出すようにひときわ高く聳えていた。私たちは心穏やかに山頂を後にした。

その二日後の昼にベースキャンプに無事に戻った。スタッフのアラムとアフサルは遠く下山してくる私たちの姿を見つけて、ベースキャンプに咲いている花々を摘んで祝福の花束を用意してくれていた。

このラカポシ南壁初登攀で私は三度目となるピオレドール賞を受賞した。コロナ禍で現地に行くことはできずビデオメッセージだけの寂しい受賞となったが、私たちの代わりにトロフィーを受け取ってくれた女性を見て驚いた。私が生まれた年、一九七九年にラカポシに登頂したポーランド人のアンナ・チェルウィンスカさんと紹介された彼女に、私は一九年前の二〇〇一年、学生のときに行ったチョー・オユーの公募隊で会っていたのだ。そのとき私はラカポシという山の名前さえ知らなかったが、長い時を経てラカポシがこういう縁を取りもってくれたことがほのぼのとうれしかった。

またしても凍傷に

世界中を恐慌に陥れたコロナ禍のため日本を出ることができず、Ｋ２への準備はラカポシで中断したまま二年が過ぎた。まったく活動ができなかったこの二年の空白を埋めるため、再始動する山を模索しているうちに浮かび上がったのが、カラコルムのカールン・コーだった。シスパー

ラカポシ登山

サミサール／カールン・コー

2022年、高度順応で登った5630 mのキャンプ地から見たカールン・コー（右）とサミサール

—登頂履歴—

サミサール

2015・2016年に福岡山の会隊（髙嵜 渉隊長）が初めて挑戦したが成功ならず。2021年、平出和也・三戸呂拓也隊が初登頂した。

カールン・コー

1984年にイギリス隊（C.ボニントン隊長ら４人）の敗退直後に入山したオーストリア隊が同じ南西稜に取り付き初登頂した。

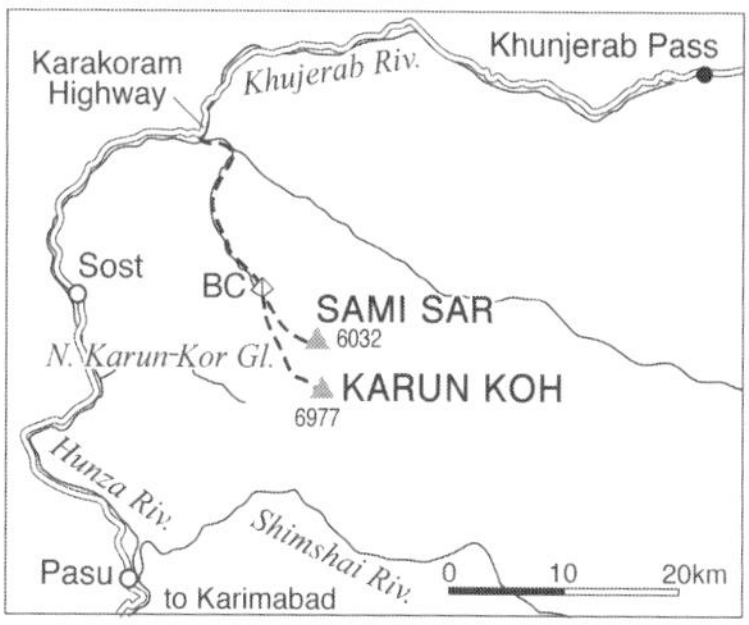

レの登山中、谷を挟んで北東にいつも大きく見えていた六九七七メートルの山だ。こんどは反対に、その山からシスパーレの雄姿を見てみたいとの思いもあった。一九八四年にオーストリア隊が西面から初登頂して以来、その後の挑戦の記録はない。地図の等高線が密になっている北面が格好の挑戦の舞台になりそうだ。

このエリアをもう少し広く調べていると、カールン・コーの北四キロにある六〇三二メートルの未踏峰に二〇一五、一六年と日本の登山隊が挑戦している記録が見つかった。メンバーに不慮の事故があって登頂までには至らなかったようだ。知り合いを介して当時の登山隊長の方と連絡が取れた。私は未踏峰を見つけ初挑戦した人（隊）の意思を尊重すべきと思っているので、これから再挑戦をするつもりがあるのか尋ねてみた。そうであるなら私はエントリーすべきではない。隊長からは「今後、挑戦するつもりはないのでどうか登ってください」と返答があった。私は未踏ルートはいくつも登ったが、未踏峰に登頂したのはクーラ・カンリ東峰とドルクン・ムスターグがあるだけだ。登頂ならず残念無念であったろう隊長のことばに押されて、まずこの未踏峰に登ろうという決意が生まれた。「大切に登らせていただきます」と伝え、カールン・コーと併せてこの未踏峰の登山許可を申請。季節は冬へと近づいているが、いつの日かのＫ２のためにもこの新たなチャレンジをきちんとやり遂げようと心に期した。

12月の寒い時期の登山は初めてだった。川は凍りつき、水は流れていなかった

二〇二一年十二月三日、今回のパートナー三戸呂拓也とパキスタンへと向かう。コロナによる自粛で、二年ぶりの海外だ。空港でＰＣＲ検査をして証明書を入手。飛行機に乗り込む直前までほんとうに出発できるのか不安だったが、無事に搭乗が開始されてほっとする。故郷に帰る便のような感じがしていた。

そして――。結果から先に述べよう。十二月十七日に未踏峰六〇三二メートルに登頂したものの、私は足指に凍傷を負い、ヘリコプターでギルギットの病院に搬送された。さらにイスラマバードの病院に一月四日まで入院後、五日に帰国。その後、シブリンでの凍傷に続いて足指三本の壊死部分を除去する手術を受けた。

行動概略は次のとおりである。

五日深夜にイスラマバードに到着し、ギルギットへの国内線に乗り換える。さらに車でフンザに移動。今回は冬季ということでベースキャンプにはコックは滞在せず、自分たちで調理しないといけないので調理用の大きなプロパンガスや野菜、肉を買う。

八日にカラコルム・ハイウェイのパキスタン側の最後の町ススト に移動して最終の準備。十日に入山。翌日、カールン・コーと未踏峰を見上げながらソクタラバット谷を進み、標高四二〇〇メートルのベースキャンプに到着。サーダーにカールン・コーの意味を聞くと現地の言葉で「怒る山」とのこと。ベーステント設営後、ポーターたちは下山。三戸呂と二人だけの時間が始まる。

十二日、未踏峰へ向けて出発。日本隊から情報をいただいているのでロスすることなく標高を上げていく。五一五〇メートルにテント。目の前に未踏峰の全容が見えルートを探るが、やはり日本隊の通った北稜経由のルートが安全かつ確実のようだ。入山してから毎日、マイナス二〇度前後の寒い日が続いている。

十三日、朝から風が強く、天気は下り坂。高度順応のため北稜手前のプラトー五五五〇メートルまで登り、ロープなどをデポして一気にベースキャンプまで下る。三戸呂の手の指が軽い凍傷になった。これが一度目の山からのサインだった。もっとしっかり受け止める必要があったと後悔する。

十四～十五日、悪天のため休養を兼ねてベースキャンプで停滞。山はまったく見えない。買い出ししてきた野菜は芯まで凍っていた。午後には青空が見え出し天気は回復傾向。あしたからのサミットプッシュ用に三日分の食料とクライミングギアを準備する。やはり寒くてよく眠れない。

十六日、前回のキャンプ地にデポしたものを回収しながらさらに標高を上げ、五七〇〇メートルにテント。寒くて眠れない。湯たんぽを数時間ごとに温め直したりマッサージをしたりするが、冷え切った体は温まらなかった。

十七日、登頂日。暗いなかをヘッドランプでルートを確認しながら進み、北稜に出る。日本隊はこの稜線でメンバー一人が東側に張り出した雪庇を踏み抜き亡くなっているので、十分気をつけて進む。気温はマイナス三〇度を下回り、強い風が体感温度をさらに下げる。核心でもある頂上直下の雪壁は二〇センチぐらいの雪の下に氷があるという不安定なものだった。七ピッチルートを延ばしてやっと頂上稜線へ。雪庇の張り出しに気をつけながら進み、一二時四五分に登頂。喜びよりも、雪壁の下降が不安だった。

氷に穴を開けて支点を作る〈アバラコフ〉（V字スレッドともいう）という方法での雪壁の懸垂下降は繊細な手先の技術が必要な作業だが、寒さと疲労のため困難を極めた。ミスをして死なないためには一〇〇パーセントの確実な操作が求められるため、手の指は痛いほどに冷たいがダウンミトンを外して慎重に作業する。

テントに戻り、冷え切った足を温めようと靴を脱ぐと指が黒く変色していた。凍傷の程度は判断できないが、あしたになるとむくみや水泡などで靴も履けない事態が予想されるため、闇をついてさらにベースキャンプまで一気に下る。そして日本の留守本部に連絡し、翌日のベースキャンプからのヘリコプターレスキューの手配を依頼した。

十八日、寝袋で温められた足と手の指には水泡ができていた。いつヘリコプターが来てもいいように朝から最低限の片づけをしておく。昼過ぎ、谷の下流からヘリ二機が飛来。あのヘリコプターに乗って病院に行き早急に治療を開始するのがいまできる最善の策とわかっていたが、もうこれで登山家としては終わってしまうのでは……など複雑な思いが錯綜していた。


十九日、ギルギットの軍の病院に移送され、点滴と受傷患部の治療が始まった。夜、オペ室に突然連れていかれる。衛生面の心配からも水泡を切らないでほしいと訴えるが、疲れや混乱、自暴自棄から抵抗をやめる。次々と水泡が切られるのをただ呆然と見ていた。

精神的に錯乱状態の時間を過ごす。何度、押しつぶされそうな気持ちでベッドから天井を見つめたことか。まだ現実を受け入れることも、今回の登山を振り返ることすらできないままギルギ

マイナス 30 度を下回る極寒のなかを登る

未踏峰 6032 m に登頂。山頂までは完璧だったのだが…

ベースキャンプから
ヘリコプターで
病院に急行した

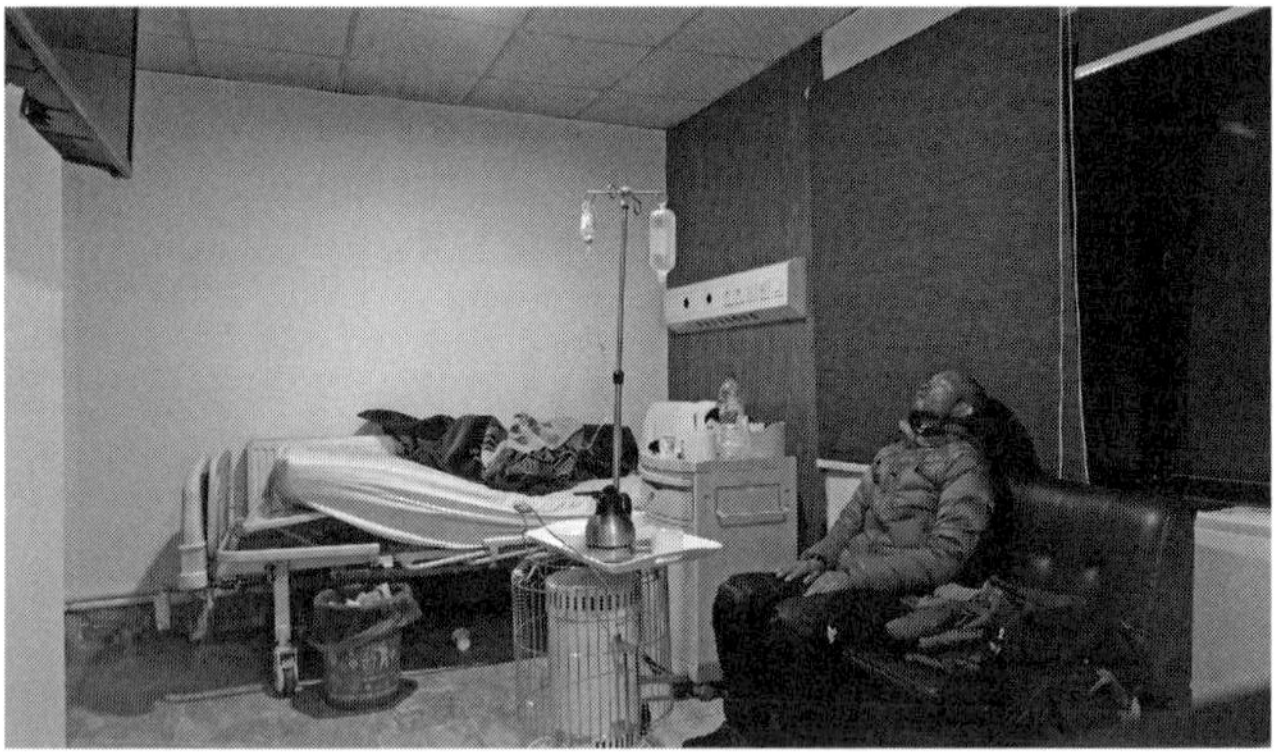

ギリギットとイスラマバードの病院に入院。お正月をパキスタンで過ごすとは思ってもいなかった

ットでの入院は二十一日まで続いた。

二十二日、イスラマバードの病院まで陸路で一日かけ移動。その日から再び入院生活が始まる。継続的に点滴と患部のガーゼ交換の毎日。そんなとき、山の情報をいただいた日本の登山隊から登頂祝福の連絡が届き、雪庇を踏み抜いて亡くなったのはメンバーのサミ・ウッラカーンさんという方だと知る。そこで、あの未踏峰をファーストネームの「サミ」と山の意の「サール」を合わせて「サミサール」と名づけることに決めた。

一月四日帰国後、九日まで感染対策のため隔離施設で、さらに十五日まで自宅待機。その後、二月に入ってから手術を受けた。

サミサール登山

再再起の山、カールン・コー

手術する前は重苦しい日々を過ごした。引退……ということも頭の中でちらついていた。それでもおかしなことに、足指に負担のかからないエアロバイクを必死に漕いでトレーニングをしていた。

手術の結果、壊死した部分が私の体から切り離されてほっとしている自分がいた。そして二〇〇五年のシブリンでの凍傷のときに作った「凍傷タイムテーブル」を久しぶりに広げてみる。あのタイムテーブルがまさか自分のためにあったとは。それを見ると復帰までの時間が読み取れ、この夏は無理だが、秋ぐらいにはもしかしたら復帰できるかもしれないとわかった。

傷口の回復は予想より早く、手術してから二カ月後には靴が履けてランニングができるまでになった。走るたびに血豆ができ、最初はぎこちない走りだったが、二〇キロ程度なら普通に走れるようになるまでさほど時間はかからなかった。

今回の凍傷で、あらためてわかったことがあった。私のこれまでの登山人生は成功と失敗の繰り返しであり、その失敗を価値のある失敗に変えていった先に成功があったのだと。サミサールでの失敗もそうであることを自ら証明したい——。

私はこの不始末を「けがの功名」とすべく、もう一度あの場所、カールン・コーに戻り、残してきた宿題を終わらせようと決める。失敗の記憶を成功の記憶に上書きするためにも。

二〇二二年八月、中島健郎とのカールン・コーへの旅が始まった。ギルギットやフンザでは前年の凍傷でお世話になった方々と再会。こんなに短期間で山に復帰できたことに驚いていた。

フンザの朝は、ラカポシの朝焼けとともにランニングから始まる。いつものことだ。季節は夏から秋に少しずつ移り変わっていた。アンズの季節は終わってしまったが、道端には真っ赤になったリンゴが実り、枝を垂らしている。まだ自然の恵みを受け取れそうだ。秋が深まり、気温が一気に下がる前には登山を終わらせたいと思った。

デポしてあった、昨年の装備が入ったダッフルバッグのジッパーを開けたとたん、あの八カ月前の苦闘がきのうのことのようによみがえってきた。先端が丸く削れたアイゼンからは硬くて苦戦した氷が目の前に浮かび、厚手のダウンジャケットからは寒くて芯まで冷え切って眠れなかった一晩を思い出した。残念ながらそれらは、つらい記憶そのものだった。

私のやり残した山、カールン・コーと再び向き合う

高度順応としてシスパーレの対岸にあるアブテガルという四八〇〇メートルの場所に一泊二日で登った。健郎とのパートナーシップの原点でもあるシスパーレがきれいに見えた。二人ともあの山で起きた数々の出来事を頭の中で振り返っていた。そしてこれから向かうカールン・コーのこともいろいろイメージをしていた。入山前の最後の町であるススト まで車で移動する。

カールン・コーはスストの東一五キロに位置し、カールン・コー山群の最高峰である。登山史を振り返ってみよう。一九八三年、オーストリアのR・シャウワー、西ドイツのK・フープとパキスタン人二人からなる混成チームがパスーの北の村モルクーンから入山。南西稜を試みたが悪天候のため高度六〇〇〇メートルに達せず撤退。八四年、C・ボニントン隊長ら四人のイギリス隊が前年の隊と同じルートを登攀したが、硬い氷に阻まれて未知の東面に転進したものの、東稜、北稜、さらに南西稜を試登しただけで終わった。同年、少し遅れて四人からなるオーストリア隊が入山し、南西稜から初登頂を果たした。以来、挑戦の記録はない。私たちがめざすのは北西壁だ。

ソクタラバット谷のベースキャンプまでは勝手知ったる道。荷物を運んでくれるポーターと共にトレッキングがスタートする。前回もお世話になったサーダーをはじめ知っている顔が多くてうれしかった。歩き出してすぐに天然の温泉が湧き出ている露天風呂に入る。四三度とちょっと熱めだが、ゆっくりと自然の恵みを楽しんだ。この山で傷ついた足の指が、またこうしてこの山の恵みで癒されている。私の心の奥深くにまだ凍りついているものを溶かしてくれているかのようだった。氷河からの冷たい水の川を何回も徒渉する。私は凍傷上がりの足の指を心配して靴を脱がずそのまま渡ったが、それでもやっぱり冷たくて痛かった。前回は冬の季節だったので川の水は凍り、楽に通過できたのだった。

このあたりはユキヒョウ、ブルーシープやアイベックスなどの稀少動物が多く生息していて、冬になると動物も寒さから標高を下げることから合法的にハンティングが行なわれている。その

何度も徒渉するワイルドなトレッキング

ヘリコプターで救助された場所に自分の足で戻ってこられただけでも私にとって成功だった

ハンターのために道中には石小屋が点在しているので、そこを私たちも使わせてもらいながら三日間の行程でベースキャンプに到着した。ヘリコプターで救助された苦い思い出の場所だ。ポーターたちは下山し、前回と同じくここからは健郎と二人だけのベース生活と登山が始まる。

天気は安定している。さっそく高度順応と偵察に出発。カールン・コーが真正面に見える五六三〇メートルに一泊して、北西壁を双眼鏡で偵察する。健郎は高山病に苦しんでいるが、そんな姿も三年ぶりでどこか懐かしい。深夜に一度吐いていたが、その後はよく眠れたようだ。

ベースキャンプに戻って休養のあと、次に向かったのは南西稜の最低鞍部。北西壁の核心部の近くからの偵察、北西壁の登頂後の下山ルートに考えている南西稜の偵察、そして六〇〇〇メートルまでの高度順応が目的だ。スムーズに北西壁の基部まで達し、そこからは北西稜のコルへと進んだ。稜線に近くなった六〇〇〇メートル付近で北西壁の核心部と同じ目線になっていた。じっくり観察するが、はたして技術的に核心部を突破できるか確信が持てない。

一八〇〇メートルの高低差を登り終えて稜線に上がると、一気に視界が開けた。遠くにＫ２をはじめビアフォー山群やヒスパー山群の八〇〇〇メートルにわずかに届かない大きな山々、ラカポシやシスパーレなどのフンザ周辺の山やバッーラ山群が遮るものなく目の前に広がっている。このエリアではいちばん標高が高く、独立峰として屹立している特異な山だからこその壮観な眺めだ。これも、偉大な登山家であるボニントンがこの山に魅かれた理由のひとつなのだろうか。

翌日はその南西稜のさらに上部を偵察すると、雪が切れている箇所があったり、通過しなければならないクーロワールでは大きな雪崩が起きていて、下降路として使うにはリスクが高いと瞬時に判断できた。安全な下降路であれば、北西壁の登りに集中することができ、精神的にはかなり助かるのだが……。残念な気持ちでベースキャンプへと下った。


安定していた天気も次第に下り坂で雪が降り、初めてベースキャンプでも氷が張った。まったく雪のなかったベースキャンプにも一〇センチほどの雪が積もったから、壁にはもっと積もったことだろう。天気が良くなって壁に日が当たり、雪が安定するまで少し長い停滞になりそうだ。

数日後、天気が回復すると健郎がそわそわして「あしたは出られるんじゃないですかね？」と言ってきた。久しぶりの遠征で焦っている感じが見てとれた。まるで前回のサミサールでの私だった。いまこそあの失敗を生かすときである。焦っている健郎を落ち着かせることが登山を安全に成功させるカギだと思い、散歩に連れ出してゆっくりとした時間を過ごした。

今回もコックがいないのでそれなりに負担はあるが、食べたい物を食べたいときにすぐに食べられるという点ではよかった。それ以上によかったのは、料理中の会話の中で不意にぽつりと口

カールン・コー登山では、キッチンテントが私の寝室となった

北西壁に取り付く直前に天気が崩れ、ベースキャンプ周辺は一面真っ白になった

に出るルートへの不安な気持ちなどを共有しながら、徐々に同じ目線でカールン・コーが見えるようになっていったことだ。

健郎が小さなガッツポーズをした

寒く静かな朝だった。ラストチャンスという気持ちで出発する。北西壁の基部までは歩き慣れた道だ。先日の降雪で一面真っ白に様変わりしているが、偵察時に積んだ目印のケルンに導かれて山の懐へと入っていく。見上げる北西壁はひっきりなしにチリ雪崩が落ちてきている。ほぼ真ん中にある核心部は雪崩や落石が集まるノドのような形状をしているので、登っているときに万が一大きいのがきたらと思うとゾッとする。あしたは太陽が当たる一〇時半前には核心部を抜ける必要があるだろうと健郎と話す。安全な場所を整地してＣ１（五二〇〇メートル）。一時間ほど上部のルート偵察をする。

いよいよ核心部に向かう日、上空は強風だった。予想に反して朝からチリ雪崩が頻発している。基部からすぐに傾斜が強くなったが、アックスがよく効くいいコンディションだった。一〇メートルほどの長さでロープを結び合い、同時に登るいつものスタイルでスピードを維持する。

核心部の基部まで登ると、偵察では一度も確認できなかった一筋の氷が垂れていた。予期せぬプレゼントだ。その垂直な氷に健郎がロープを延ばす。幾度となくチリ雪崩に襲われ、雪まみれになりながらも果敢に進む健郎の姿は力強く、そしてどこかうれしそうに見えた。奇跡的につながっていた氷で核心部を抜けることができ、私たちは次の扉を開けることができた。

山頂までは高低差一〇〇〇メートルを切っていたので、すぐにでもテントが張れそうな場所を探す。偵察で南西稜の下降は危険とわかったので、私たちはこの壁を忠実に下降する予定である。つまりあしたはテントを残して軽い荷で山頂を往復するので、無理して標高を上げる必要がないのだった。雪と氷を削り、一時間ちょっとがんばってやっと一人分しかない場所が切り出せた。テントの一部が浮いているのはいつものことだ。六二〇〇メートルにC2。太陽は地平線に近かったが、沈む前に暖かな光を私たちに注いでくれた。そして北西壁や私たちの小さなテントをオレンジ色に染めていった。山と一体化した幸せなひと時だった。

山頂まではあと標高差八〇〇メートル。いよいよこの日が来た。雲がいつもより多かったせいか放射冷却の影響が小さく、それほど寒くない朝だった。行動食程度の荷物だけで出発。アイス

カール・コー北西壁の基部、キャンプ1へと向かう

カール・コーで復活の手応えを感じた

カールン・コー登頂。念願の再起を果たす

バーンの斜面を同時登攀でひたすら登る。プロテクションは滑落に備えた最低限の対策としてアイススクリュー一本だけ。登りながらも下りのラインの観察を怠らない。笠雲が山を覆い、頂上稜線は強風で雪が舞い上がり、太陽が見え隠れしている。

頂上稜線まで予想以上に時間がかかり、一三時を回っていた。明るいうちにテントに戻ることを考えると余裕はない。頂上稜線はそれまでのアイスバーンから一転、雪庇とその雪庇に引っ張られるようにできたクラック、そして腰までもぐる深い雪になった。とりわけ苦労したのはプロテクションの取れない軟らかい雪だった。

やがて、先頭を登っていた健郎がこちらを振り返って小さなガッツポーズをした。残された歩みをかみしめるようにゆっくりと健郎のいる場所へと向かっていく。一四時五〇分登頂。とうとう北西壁からのラインが完結した。北西稜、いま私たちが歩いてきた北稜、東からの稜線のすべてが足元で合流していた。

すでに遅い時間だったし、下降に時間がかかるのがわかっていたので早々に下降開始。〈アバラコフ〉での二十一回の懸垂下降の末、最後はヘッドランプ行動でＣ２のテントに戻る。まだ緊張感から解放されることはないが、充実感に包まれながら眠りについた。

翌日、安全地帯に降りてきたらどっと疲れが出てきた。ベースキャンプまでのモレーン歩きがまだまだ長いが、これが最後かと思うと一歩一歩を踏みしめながら歩く。ベースキャンプに戻っても喜びを共有するのは健郎以外にいない。「ありがとう。お疲れさま」とことばを交わして、食事の準備を始める。野菜を節約する必要はもうないので、残りのジャガイモを全部切ってフレンチフライを作る。そしてささやかな祝杯を上げ、撤収までの残りわずかな時間をしみじみと過ごした。

カールン・コー
登山

悪あがきは続く

植村直己は「冒険とは、生きて帰ることである」と言った。長谷川恒男は「生き抜くことは冒険だよ」と言った。そして谷口けいは「人生は冒険旅行だ」と。彼らはみな偶然にも四三歳で命を落としている。その四三歳で私はカールン・コーと向き合い、頂上に立ち、いまこうして生きていることにしみじみ感謝する。夕焼けに染まるサミサールとカールン・コーが美しかった。

翌日は太陽からの暖かい光の祝福とともに起き、ゆっくり片づけをしているとポーターたちがやって来た。久しぶりの懐かしい面々。サミサールのときは凍傷のため歩いて下山できなかった道を、いまは自らの足で歩いていることに幸せを感じる。

わずか二〇日ほどで秋も深まり、入山のときは徒渉した川も水量が減って靴を濡らさずに済んだ。サミサールとカールン・コーは里から見えにくいので、もしかしたらもう出会えることはないかもしれないと思い、何度も振り返りながら目に焼きつけた。

トレッキングルートにある天然温泉に癒される

2001 年から始まった山旅はまだもう少し続きそうだ

下山のあとチトラルへと西に四五〇キロほどジープで移動し、途中、二〇二三年の挑戦の舞台と考えているティリチミールをザニ峠から間近に眺めた。次にめざす山を目の前にして、新たなスタートラインに立ったのだった。シスパーレや多くの山はもう「夢のファイル」から引き抜いて、「過去」という名の箱に仕舞い込んだ。

ティリチミール、さらにはＫ２の未踏ルートに向けて、もう少し悪あがきをしてみよう。

私にとって登山とは　メモ帳から

私は長いあいだ「自分にしかできない挑戦をしたい」と意気込んでいたが、それは間違いだったと思うようになった。私が求めていたのは「自分らしい挑戦」だったのだ。「他人にできないこと」が山を選ぶ判断基準になると、自分が主体ではなくなってしまう。挑戦というのは、人との競争から出てくるものではなく、常に自分の心の中で行なうものなのだ。だから基準はいつも自分にある。その姿勢を堅持すれば、そこから生まれ出てきたものは常に自分らしいものになる。

＊

遭難事故は小さなミス、出来事が積み重なって起きることが多い。事故を防ぐためには、その伏線のようなもの、小さな兆候を危険として察知できるかどうかが大事なのだ。その次に同じような状況になったときは、もっととんでもないことが起きてしまうかもしれないと察し、撤退する判断材料になっていく。

＊

滑落するリスク、その恐怖を考えれば考えるほど装備が増えていき、その重さが足かせになる。装備をどう厳選するか。優れたクライマーたちはそこに心血を注ぎ、その結果が登頂の可否に如実にあらわれる。

＊

その登山が失敗したときは、なにも反省会などしなくても何が原因かをそれぞれが考える。しかし、成功したときほどその登山を振り返ることを忘れてしまうものだ。何がよかったから成功したのか？　成功したけれどさらにもっと改良すべきことはなかったのか？　成功の陰にひそむ小さなミスに気づけるか？　成功したときほど学ぶことはたくさんある。

＊

山のパートナーと主従関係になることはないとはいえ、多少の技量の差というものは当然あるから、どちらかがおもにルートを延ばすということになる。それをもってクライマーとしての優劣が決まるわけではない。登山のパートナーは、お互いが得意なことを持ち寄って山に挑むもの。トップで登れる人がエライというものではない。

＊

未知なるものに一歩踏み出すためには心・技・体が必要である。それら全部を含めて準備ということだ。山にかぎらず、生きることにおいてもそうだし、ビジネスもそうかもしれない。無謀に突っ込んでいくのではなくて、しかるべき準備をして挑んでいくことが重要だ。

＊

登山のパートナーはだれでもいいわけではない。技術や体力があればいいというものでもない。まず、どの山にどのようなスタイルで登るか。その思いを共有できていなければならない。同じ方向を向いている必要がある。さらには自分にないものを持っている相手への憧れや嫉妬心があるからこそ一緒にいられる。しかも気が合わなければどうしようもない。そういうパートナーと出会えるのはかなり低い確率だろう。谷口けいさん、中島健郎と出会えたのは私にとって大きな宝である。

＊

ピークに点を打っていくのではなく、ピークとピークを線でつなぐような登山をしたいと思っている。だから私にとっては山頂に立つことよりも、どのようなラインから登るかが重要だ。そういう登山なら、もし途中で引き返すことになっても納得して下山できるだろう。山頂よりも、その過程で得られるもの・ことのほうが多いのだから。

＊

他人と競い合わない活動として始めた登山だったが、二〇代のときは同世代よりもすごいところを登りたいとか、有名になりたいとかという気持ちがあった。そのようなエネルギーは決して悪いものではないと思う。若さに任せた登山はやはり若いときにしかできないもので、私も勢いでヒマラヤに出かけたからこそ成し得た挑戦があった。

＊

テーブルの上に地図や資料を広げて、気づかれずに残されている課題を探しているときから私の登山は始まっている。それは宝石を探る行為に近いかもしれない。まず探すエリアを決め、試しに掘ってみる。そして宝石の一部が見えたときには大きなワクワクが終わり、次にどう工夫して掘り出すかを考える。その小さな可能性を大きな可能性に変えていく作業が私の登山だ。

＊

フンザにはゆっくり時間が流れるような豊かさがあった。雨が降っていても風が強くても、みな一様に慌てる様子はない。自然の中で生きる強さが垣間見え、それはのちのち、登山は自然相手だから自分の思いどおりにはいかないと気づくことにつながっていく。二〇〇二年、目標を決めないで行った旅だったからこそ、山以外のことも広く目に入ってきたのだった。

＊

いま登ってきたばかりの山を振り返っても、その登山にどんな価値があったのか？　山が何を教えてくれたのか？　それらはすぐにはわからない。私はこれまで、その次の山に登ったときに、その前の登山の持つ価値、教えに気づいてきた。だから私の登山の成長のためには、いつも「次の山」が必要なのだ。

＊

私にとって登山は遊びである。しかし数ある遊びのひとつとして中途半端にやっているわけではない。真剣に遊んでいるからこそ山の何たるかを探求できるし、困難に直面したときでもそれを乗り越えることができる。漫然と遊んでいると、大きなしっぺ返しが待ち構えている。

＊

二〇一八年にヒマラヤで亡くなってしまった韓国人登山家のキム・チャンホは、私に会うたびにいつも言った。「和也のルートにはいつも嫉妬している」と。それを私はとてもうれしい誉めことばとして聞いた。たしかに私は未知なる課題を見つけることにおいては少しは誇れるのかもしれない。課題を見つけることも、山に登る大切な技術なのだから。

＊

山において進退を迫られたとき、私なりの判断がある。それが「危険」なのか「困難」なのか。このどちらに当てはまるのかを自分に問う。もし危険と悟れば命を守るために躊躇なく引き返す。危険とは、雪崩の起きそうな斜面、いまにも崩落しそうなセラックなど人知ではコントロールできない自然の脅威を指す。己の技術、精神力、体力を推し量ったうえでの困難なら、果敢に挑戦し乗り越える努力を惜しまない。幾多の登山経験から、自然のなかでは人間は無力だということを知るに至った末の私の対処法である。

＊

二〇一三年、三浦雄一郎氏八〇歳でのエベレスト登頂を記録するチャンスを得た。三浦氏はこれまでに数々の冒険で成功を収め、確実に生きて帰ってきている。いったい山とどのように対峙しているのか興味があった。それを撮影して記録に残すことが私なりのテーマとも感じていた。

登頂日の前日、C4のサウスコル（七九八〇メートル）からC5のバルコニー（八五〇〇メートル）へ向かっているときのことだった。昼過ぎには天候が崩れるという天気予報なので先を急ぎ、急峻な雪の斜面を登っていると予報どおり吹雪になった。吹雪が顔に吹きつけるなか、三浦氏は突然私を振り返って言った。「平出君、吹雪の様子、撮影した？」。困難な状況下ではとっさとして目の前のことにしか注意が向かないものだ。しかし三浦氏はあの高さ、あの吹雪のなかでプロジェクト全体への目配りを怠らず、周囲の状況に敏感に反応するだけの余力があった。私は「冒険家・三浦雄一郎」を少し理解できたような気がした。三浦氏八〇歳の登頂を確信した瞬間でもあった。

＊

成功すれば達成感を得て自信になるし、失敗すれば落胆するし、些細なことで思い悩み、葛藤もする普通の人間——それが自分だと思っている。そんな私が、失敗と成功の繰り返しの中で少しずつ成長し、思ってもみないほど遠くに行くことができた。

他者から見れば無謀に見える挑戦でも、私の中では段階を踏んでいるつもりだったし、死なないで帰ってくるための準備は、回を重ねるたびにどんどん周到なものになっていったと思う。

やれるだけの準備をして挑んだ挑戦なら、たとえ失敗してもその準備が正解だったかそうでなかったか答え合わせができる。準備が適当だったら、何が良かったのか悪かったのかわからず成長はおぼつかない。周到に準備したうえでの失敗は成長を促してくれる。

すべての物事をそのように考えることができれば、失敗というものはなくなり、すべては成功までの過程と捉えることができる。後悔はなくなり、反省だけすればよくなる。要は常に前向きでいられるのだ。

＊

私はこれまでに何度か山で命を失いそうになっている。それは「自分で準備し、自分の責任において自由に山に登る」ことを課してきたからだった。だからこそ、結果として登山界で評価されるようなチャレンジができたともいえるのだが。

標高七〇〇〇メートル、八〇〇〇メートルの登山において余裕で登頂し戻ってこられたら、それはチャレンジではない。ぎりぎり命を落とさずに登頂し下山してきてこそ成功なのだ。それ以外は失敗となる。失敗には、途中での敗退、もしくは死がある。生と死の紙一重のあいだを行ったり来たりするような登山だけが、私の血を騒がせるのだと思っている。

2017年、シスパーレにて限界への挑戦

終章

カールン・コーを納得のいくかたちで登ることができ、サミサールで負った凍傷で止まってしまっていた心の時計を再び進めることができた。帰国した私の表情は充実感に満たされていたのだろう、妻は必要以上のことを聞かずにすべてを理解してくれた。

そうして家族との穏やかな時間を過ごしているうちにも、私は一カ月後に予定されている初めてのヨーロッパでの講演ツアーに向けた準備に忙しかった。

講演ツアーを企画してくれたのは、バスクの登山家アルベルト・イニュラテギさんである。彼は長年、スペインブランド「テルヌア」の専属アスリートとして活動してきて、八〇〇〇メートル峰十四座をすべて酸素ボンベの助けなしで登り、数々の未踏ルートにも挑戦する、私が尊敬する登山家の一人だ。最近になってイベントコーディネーターとしての肩書きを持つようになったのをきっかけに登山家の講演ツアーを発案し、その第一号に私を指名してくれたのだった。

私にとって地図の空白部での登山は宝探しの冒険のようなもので、これまで少なからぬ宝を探し当てることができた。それらの宝が放つ輝きは何年経っても褪せることなく、世界にも届き、こうして海外からの講演依頼につながったのだろう。真剣に山に登る努力を重ね、成果を積み上げてきたことを私はいま、ささやかに誇っていいのかもしれない。

講演ツアーはスペインから始まり、二週間でフランス、ドイツ、イタリアを移動しながらインタビューが一〇回と大規模な会場での四回の講演がセットされていた。

インタビューは、私にとって、あらためて多くのことを考える時間ともなった。「登山をしてきて得たものは何か？　失ったものは何か？」という趣旨の質問が多かったような気がする。そのたびに自問してみるが、登山をしてきて失ったものなど何も思いつかなかった。いろいろな意味で得てきたもののほうがはるかに多かったからこそ、いまの私があるのだと答えた。

講演は毎回五〇〇人前後の会場がいつも満員だった。私はおもに、これまでの山から何を学び、どう成長してきたかということを話した。イタリアでの講演はヴォルテル・ボナッティやリカルド・カシンが生まれ育ったレッコで行なった。アルピニズムの発祥の地であり、かつ伝説の登山家を輩出した土地の人々の、豊かな登山文化と登山家への敬意を強く感じた。講演後はいつも温かい拍手に包まれ、登山家としての私を受け入れてもらえたと実感できたのは大きな喜びだった。

ヨーロッパ講演ツアーでの一コマ。海外でも多くの人に受け入れてもらえた

登山を探求し、アスリートカメラマンとしても自然と向き合ってきたことで、いまではあらゆるものに「生かされている」との思いがある。私はこれまで、さまざまな経験のなかでその都度新しい人生を授かってきた。

これからの私は新たに何と向き合い、感動し、そしてそこからどのような授かりものをいただけるのだろうか。楽しみはふくらむばかりだ。

あとがき

第一章で記したように、私は競技の世界からやがて山に魅せられ、以来二〇年を超えて山に登りつづけてきました。山との付き合い方は人それぞれでしょう。私の場合、地図の空白部を埋めていくことが私を成長させてくれることに気づき、それが未知なる困難な山・ルートへの憧れになっていきました。また、強い登山家になることより、強い人間になることを求めるようになると、自然に自分らしい登山ができるようになりました。登れば登るほど、こうありたいと思う自分に近づいていく感じがしたのです。

しかし、これまで保ってきた価値観で登ることができなくなる日が、いつか必ずやってくるでしょう。いくらがんばっても登頂できないときなのか。魅力ある新たな未踏ルートが見出せなくなったときなのか。それは、いまはまだわかりません。ただ、登山という行為において私がこれまで残してきた足跡、そしてこれからの歩みが山を愛する多くの方々の希望となり、未来の新しい登山家の誕生のきっかけになってくれたらとてもうれしいと思います。

私はこれまで山から多くのメッセージを受け取り、それを映像というかたちで記録し残してきました。それに加えてこのたび、文字というかたちで私の登山、山への想いを表現してみました。映像と文字。この二つが融合した本書から、〈平出和也の山〉を汲み取っていただければ幸いです。

本書の制作には山と溪谷社の萩原浩司さん、編集者の山本修二さんの協力をいただきました。萩原さんは登山を始めた当初から私の登山を温かく見守ってきてくれた方です。旧知の山本さんとは、この本の出版に関して悩んでいたとき、偶然にもお互いに山へ行く中央線の電車の中でお会いし相談したのがきっかけとなりました。これまでのすべての山が必然に導かれてきたように、この本の誕生もどこかそんな感じがしています。

「What's Next?」――。私の新たな旅は、いつもこのことばから始まります。共に自分自身の心の中にある地図の空白部への旅に出かけましょう。ほんの少しの勇気と覚悟があれば、たどり着けない場所はないと私は信じています。

二〇二三年元旦にて
平出和也

アルパインクライマー／山岳カメラマン

平出和也（ひらいで　かずや）

一九七九（昭和五四）年五月二五日生まれ。長野県富士見町出身。少人数で、荷物を軽量化しスピーディーに登る「アルパインスタイル」での高峰登山を得意とし、未踏峰・未踏ルートにこだわって登攀記録を重ねてきた。二〇〇八年、インド・カメット峰（七七五六メートル）に未踏の南東壁から登頂し、ピオレドール賞を日本人初受賞。その後、映像カメラマンとしても活躍し、一三年には三浦雄一郎氏の世界最高齢八〇歳でのエベレスト登頂を記録した。第二一回植村直己冒険賞受賞。一七年にパキスタン・シスパーレ峰（七六一一メートル）に北東壁から登頂して二度目のピオレドール賞受賞。一九年にはパキスタン・ラカポシ峰（七七八八メートル）を未踏の南面から登頂し三度目のピオレドール賞を受賞する。四三歳になった現在も現役で、世界のトップクライマーの一人として高い評価を受けている。石井スポーツ所属。

【主な受賞歴】

- 読売新聞社日本スポーツ賞（二〇〇一年）
- 読売新聞社日本スポーツ賞（二〇〇八年）
- 第17回　ピオレドール賞（二〇〇九年）
- 第17回　秩父宮記念山岳賞（二〇一五年）
- 第21回　植村直己冒険賞（二〇一七年）
- 第12回　ピオレドール・アジア賞（二〇一七年）
- 第26回　ピオレドール賞（二〇一八年）
- 第28回　ピオレドール賞（二〇二〇年）

【主な登山歴】

○印…映像カメラマンとして同行

二〇〇一年 **クーラ・カンリ東峰**（七三八一メートル、中国チベット自治区）初登頂［五月四日］
東海大学登山隊（隊長 出利葉義次、他）
チョー・オユー（八一八八メートル、中国チベット自治区）無酸素登頂［九月二四日］、
スキー滑降
大石明弘、平出和也
二〇〇二年 パキスタン一人旅
二〇〇三年 **キンヤン・キッシュ**（西峰七三五〇メートル、パキスタン）新ルート西稜六〇〇〇メートルで敗退
飛田和夫、寺沢玲子、平出和也、他
二〇〇四年 **スパンティーク（ゴールデン・ピーク）**（七〇二七メートル、パキスタン）北西稜登頂
［七月九日］
平出和也、飛田和夫、谷口けい

二〇〇五年　**ライラ・ピーク**（六〇九六メートル、パキスタン）新ルート東壁登頂［七月二七日］
平出和也、谷口けい
ドルクン・ムスターグ（六三五五メートル、中国新疆ウイグル自治区）初登頂
東海大学登山隊
ムスターグ・アタ（七五四六メートル、中国新疆ウイグル自治区）東稜第2登［九月五日］、スキー滑降
平出和也、谷口けい

二〇〇六年　**シブリン**（六五四三メートル、インド）新ルート北壁～北西稜登頂［一〇月一二日］
平出和也、谷口けい
K2ベースキャンプにマウンテンバイクで到達。その後、カシュガル～カイラス～ラサ～昆明を自転車とヒッチハイクとバスで移動）

二〇〇七年　**シスパーレ**（七六一一メートル、パキスタン）新ルート北東壁六〇〇〇メートルで敗退（1回目の挑戦）
平出和也、小松由佳

二〇〇八年　**ガッシャーブルムⅡ**（八〇三五メートル、パキスタン）登頂［七月八日］

○竹内洋岳氏の14 project 撮影

ブロード・ピーク（八〇四七メートル、パキスタン）登頂［七月三一日］

○竹内洋岳氏の14 project 撮影

カメット（七七五六メートル、インド）新ルート南東壁登頂［一〇月五日］

平出和也、谷口けい

二〇〇九年

ヤラ・ピーク（五五二〇メートル、ネパール）登頂

○ガチャピンヒマラヤチャレンジ

ガッシャーブルムI（八〇八〇メートル、パキスタン）登頂［七月二六日］

○フィンランド人登山家ベイカー・グスタフソン氏八〇〇〇メートル峰14座目の撮影

ガウリシャンカール南峰（七〇一〇メートル、中国チベット自治区）新ルート東壁六八五〇メートルで敗退

平出和也、谷口けい

二〇一〇年

バガブー　ノースハウザータワー〈All Along the Watcher Tower〉（三四一二メートル、カナダ）完登［七月九日］

大石明弘、平出和也

アマ・ダブラム（六八五六メートル、ネパール）新ルート北西壁六五〇〇メートルで敗退
ダーフィット・ゲットラー、平出和也
○TBS「情熱大陸～サバイバル登山家 服部文祥 編」撮影

二〇一一年 **エベレスト**（八八四八メートル、ネパール）南東稜登頂［五月二六日］
近藤謙司、その他
○WOWOW「ノンフィクションW エベレスト登れます」撮影
ナムナニ（七六九四メートル、中国チベット自治区）南東壁新ルートは六三〇〇メートルで敗退。ルート変更し新ルート南西稜から南峰初登頂［一〇月八日］と主峰登頂［一〇月九日］
平出和也、谷口けい

二〇一二年 **ハン・テングリ**（七〇一〇メートル、カザフスタン）北稜登頂［八月一七日］
平出和也、三戸呂拓也
○NHK「グレートサミッツ 世界最高のクライマー〝シルクロードの王〟を撮る」
シスパーレ（七六一一メートル、パキスタン）新ルート南西壁五三五〇メートルで敗退（2回目の挑戦）

平出和也、三戸呂拓也

二〇一三年　**エベレスト**（八八四八メートル、ネパール）南東稜登頂［五月二三日］

○80歳での三浦雄一郎氏の登頂を記録

ディラン（七二六六メートル、パキスタン）西稜登頂［八月五日］

平出和也、谷口けい

シスパーレ（七六一一メートル、パキスタン）新ルート南西壁五七〇〇メートルで敗退（3回目の挑戦）

平出和也、谷口けい

○NHK「厳冬 利尻富士スキー滑降」佐々木大輔氏　撮影

二〇一四年　○NHK「グレートトラバース 日本百名山ひと筆書き」田中陽希氏　撮影

カカボラジ（五八八一メートル、ミャンマー）新ルート北稜五六七〇メートルで敗退

倉岡裕之、平出和也、中島健郎

○NHK「幻の山カカボラジ アジア最後の秘境を行く」出演と撮影

二〇一五年　**アピ**（七一三二メートル、ネパール）登頂［一〇月二九日］

平出和也、中島健郎、三戸呂拓也

二〇一六年

○ＮＨＫ「グレートトラバース2」田中陽希氏　撮影

チョモランマ（八八四八メートル、中国チベット自治区）北稜登頂［五月一九日］

○THE HEROES PROJECT アメリカ隊の撮影

ルンポ・カンリ（七〇九五メートル、中国チベット自治区）新ルート北壁登頂［九月二一日］

平出和也、中島健郎

マンセイル（六二四二メートル、ネパール）第2登 登頂

○ＮＨＫ「グレートネイチャー世界最深・カリガンダキ河をゆく～」出演と撮影

二〇一七年

デナリ（六一九四メートル、アメリカ）カシン・リッジから登頂

佐々木大輔、他

○ＮＨＫスペシャル「世界初 極北の冒険 デナリ大滑降」佐々木大輔氏　撮影

シスパーレ（七六一一メートル、パキスタン）新ルート北東壁登頂［八月二二日］（4回目の挑戦）

平出和也、中島健郎

○ＮＨＫ「銀嶺の空白地帯に挑む～カラコルム・シスパーレ」

TBS「クレイジージャーニー 垂直の岩壁を攻める超絶無謀なクライマー！」出演

二〇一八年 **K2**（八六一一メートル、パキスタン）西壁の偵察

平出和也、中島健郎

TBS「情熱大陸 Vol. 1012」出演

二〇一九年 ○NHK「グレートトラバース3」田中陽希氏 二〇二〇年まで撮影

アコンカグア（六九六一メートル、アルゼンチン）登頂［一月二一日］

○三浦雄一郎氏の登山隊に同行

ラカポシ（七七八八メートル、パキスタン）新ルート南壁登頂［七月二日］

平出和也、中島健郎

二〇二〇年 TBS「情熱大陸 Vol. 1107」出演

二〇二一年 **サミサール**（六〇三二メートル、パキスタン）初登頂［一二月一七日］

平出和也、三戸呂拓也

二〇二二年 **カールン・コー**（六九七七メートル、パキスタン）新ルート北西壁登頂［九月二一日］

平出和也、中島健郎

写真協力＝谷口けい、中島健郎、三戸呂拓也、
大石明弘、小松由佳、佐々木大輔、
笹生博夫（順不同）
株式会社 石井スポーツ
株式会社 ミウラ・ドルフィンズ
映像協力＝谷口けい、中島健郎、三戸呂拓也
株式会社 石井スポーツ（順不同）

編集＝萩原浩司（山と溪谷社）・山本修二
編集協力＝岸川貴文
ブックデザイン＝仁科可奈（三秀舎）

＊ＱＲコードは株式会社デンソーウェーブの登録商標です。

What's Next?
終わりなき未踏への挑戦

二〇二三年三月　十　日　初版第一刷発行
二〇二四年八月二十五日　初版第四刷発行

著　者　平出和也
発行人　川崎深雪
発行所　株式会社　山と溪谷社
郵便番号　一〇一－〇〇五一
東京都千代田区神田神保町一丁目一〇五番地
https://www.yamakei.co.jp/
■乱丁・落丁、及び内容に関するお問合せ先
山と溪谷社自動応答サービス　電話〇三－六七四四－一九〇〇
受付時間／十一時～十六時（土日、祝日を除く）
メールもご利用ください。
【乱丁・落丁】　service@yamakei.co.jp
【内容】　info@yamakei.co.jp
■書店・取次様からのご注文先
山と溪谷社受注センター
電話　〇四八－四五八－三四五五
ファクス　〇四八－四二一－〇五一三
■書店・取次様からのご注文以外のお問合せ先
eigyo@yamakei.co.jp

印刷・製本　株式会社　三秀舎

Printed in Japan　ISBN978-4-635-34043-4

＊定価はカバーに表示してあります